新能源汽车维修入门书系

新能源汽车

NEW 构造原理

ENERGY
VEHICLE 与检测维修

北京德和顺天科技有限公司◎组编

李佳音◎编著

Construction
Principle
and Maintenance

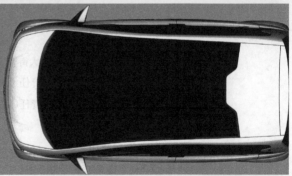

机械工业出版社
CHINA MACHINE PRESS

本书分为基础篇、原理构造篇、检测维修篇三个部分，详细介绍了新能源汽车的基本定义、当前新能源汽车市场现状和发展趋势、新能源汽车的常规使用、新能源汽车的工作原理（主要介绍纯电动汽车）、典型新能源汽车的技术特点与结构、售后服务人员在保养与检修新能源汽车时针对高压部分的安全操作规范和操作技巧；新能源汽车典型故障诊断案例等内容。本书除了介绍新能源汽车必知必会的基础知识外，重点介绍新能源汽车与传统内燃机（汽油机与柴油机）汽车的不同之处，如技术参数、高压控制系统的结构、原理和操作安全规范和技巧等。

本书既适合汽车维修技术人员、新能源汽车技术爱好者阅读，也可以作为中职、高职高专院校师生的教辅书。

图书在版编目（CIP）数据

新能源汽车构造原理与检测维修/北京德和顺天科技有限公司组编；李佳音编著. —北京：机械工业出版社，2018.6（2024.11重印）

（新能源汽车维修入门书系）

ISBN 978-7-111-60345-0

Ⅰ.①新… Ⅱ.①北… ②李… Ⅲ.①新能源–汽车–构造 ②新能源–汽车–车辆修理 Ⅳ.①U469.7

中国版本图书馆 CIP 数据核字（2018）第 145849 号

机械工业出版社（北京市百万庄大街22号　邮政编码100037）

策划编辑：母云红　　　　　责任编辑：母云红
责任校对：张　薇　李　婷　责任印制：张　博
北京中科印刷有限公司印刷

2024 年 11 月第 1 版第 12 次印刷
184mm×260mm · 11.5 印张 · 249 千字
标准书号：ISBN 978-7-111-60345-0
定价：45.00 元

电话服务　　　　　　　　　　网络服务
服务咨询热线：010-88361066　　机工官网：www.cmpbook.com
读者购书热线：010-88379833　　机工官博：weibo.com/cmp1952
　　　　　　　010-68326294　　金书网：www.golden-book.com
封面无防伪标均为盗版　　　　教育服务网：www.cmpedu.com

前　言

目前，全球能源和环境面临着巨大的挑战，而传统石油燃料汽车作为消耗和排放大户，势必要进行变革。低能耗和低排放（甚至零排放）恰好是新能源汽车的技术特点，所以全力推动新能源汽车的发展已在全球范围内达成共识。目前，在我国市场销售的新能源汽车有纯电动、混合动力、以天然气为代表的燃料电池电动汽车等几类。无论是外资、合资还是自主品牌厂商均有新能源汽车在我国市场销售，并且随着国家政策的扶持、运行条件的进一步完善、消费者环保意识的增强和观念的转变，新能源汽车的市场占有率势必迅速增长。

新能源汽车市场占有率正在逐年增长，部分运行时间较长的新能源汽车的故障率势必增加，但新能源汽车在结构、原理、使用、维修方面与传统车型有着本质的区别，这就对广大售后服务技术人员提出了更高的要求。对于广大汽车售后技术人员、汽车职业技术院校的师生、汽车技术爱好者来说，一本内容质量上乘的新能源汽车技术书就显得尤为重要。本书选择了目前我国市场上比较流行的纯电动和混合动力车型，系统地介绍了这些车型的构造、工作原理与检修方法，并且搜集了与新能源汽车相关的案例进行分析，既可以为一线汽车维修技术人员提供有益的帮助，也可以作为汽车职业院校的教辅书。

由于编者水平有限，书中难免有疏漏之处，望广大读者提出宝贵意见。

编　者

目 录

前 言

一 基 础 篇

第1章 新能源汽车基础 ·· **2**

  1.1 新能源汽车概述 ·· **2**

    1.1.1 新能源汽车的定义 ·· 2

    1.1.2 新能源汽车与传统燃油汽车的区别 ···················· 3

    1.1.3 新能源汽车研发概况 ······································ 4

  1.2 新能源汽车的分类及基本构造原理 ···························· **5**

    1.2.1 纯电动汽车 ··· 5

    1.2.2 混合动力电动汽车 ·· 9

    1.2.3 燃料电池电动汽车 ·· 12

  1.3 各品牌新能源汽车概况 ·· **13**

第2章 新能源汽车的使用 ·· **15**

  2.1 起动与行驶、各种行驶模式的切换 ···························· **15**

    2.1.1 起动与行驶 ··· 15

    2.1.2 车辆运行模式的切换 ······································ 15

    2.1.3 制动能量回收级别设置 ···································· 17

    2.1.4 不同动力模式的切换 ······································ 18

  2.2 舒适与便捷功能的使用与操作 ································ **18**

  2.3 组合仪表板各项功能与显示 ·································· **19**

  2.4 充电 ·· **22**

    2.4.1 充电接口 ··· 22

2.4.2 充电方法 ……………………………………………………… 23
2.5 其他辅助功能的使用 ……………………………………………… **26**
2.5.1 钥匙的使用 ……………………………………………………… 26
2.5.2 前排乘员气囊开关 ……………………………………………… 27
2.5.3 倒车雷达开关 …………………………………………………… 27
2.5.4 挂车拖曳 ………………………………………………………… 28

二　原理构造篇

第3章　电学基础知识 …………………………………………………… **30**
3.1 直流电路与交流电路基础 ………………………………………… **30**
3.1.1 基本概念 ………………………………………………………… 30
3.1.2 直流电 …………………………………………………………… 32
3.1.3 交流电 …………………………………………………………… 32
3.2 电磁基础 …………………………………………………………… **32**
3.2.1 磁性 ……………………………………………………………… 32
3.2.2 磁场 ……………………………………………………………… 32
3.2.3 电流的磁场 ……………………………………………………… 33
3.2.4 通电螺线管的磁场（电磁铁） ………………………………… 33
3.3 动力电池基础 ……………………………………………………… **33**
3.3.1 动力电池的种类 ………………………………………………… 33
3.3.2 动力电池的性能参数 …………………………………………… 33
3.3.3 镍氢电池与锂离子电池的基本构造 …………………………… 34
3.3.4 燃料电池 ………………………………………………………… 35
3.4 电机基础 …………………………………………………………… **36**
3.4.1 电机的工作原理和结构 ………………………………………… 36
3.4.2 车用电机分类 …………………………………………………… 36
3.5 能量管理系统基础 ………………………………………………… **38**
3.5.1 车用动力电池常见的能量来源 ………………………………… 38
3.5.2 外接电源充电插头 ……………………………………………… 38
3.5.3 外接电源选择 …………………………………………………… 38
3.5.4 制动能量回收与发动机供电 …………………………………… 39
3.6 高压部件基础 ……………………………………………………… **39**
3.6.1 高压部件的基本组成 …………………………………………… 39
3.6.2 电力电子控制装置 ……………………………………………… 40
3.6.3 充电器 …………………………………………………………… 40

3.6.4　高压电缆 ··· 40

第4章　新能源汽车基本构造与原理 ·································· 41

　4.1　电源系统 ·· 41

　　　　4.1.1　锂离子电池和镍氢电池 ··· 41

　　　　4.1.2　电池管理系统及工作模式 ·· 43

　　　　4.1.3　电源变换器 ··· 47

　　　　4.1.4　充电管理与充电方式 ··· 48

　4.2　驱动系统 ·· 48

　　　　4.2.1　纯电动汽车驱动系统的组成 ······································· 48

　　　　4.2.2　纯电动汽车驱动系统的布置 ······································· 49

　　　　4.2.3　各类电机的优缺点和主要参数 ···································· 51

　　　　4.2.4　电机主要类型与工作原理 ·· 52

　4.3　维修开关 ·· 56

　　　　4.3.1　维修开关的类型与作用 ··· 56

　　　　4.3.2　维修开关的安全操作 ··· 56

　4.4　制动能量回收系统 ·· 56

　　　　4.4.1　制动能量回收系统构成与原理 ···································· 56

　　　　4.4.2　制动能量回收控制策略 ··· 57

　4.5　空调系统 ·· 58

　　　　4.5.1　空调系统与空调控制器 ··· 59

　　　　4.5.2　空调压缩机 ··· 60

　　　　4.5.3　空调的供暖系统及控制策略 ······································· 62

第5章　典型新能源汽车的技术特点 ································ 65

　5.1　特斯拉 ··· 65

　　　　5.1.1　概述 ·· 65

　　　　5.1.2　动力电池组 ··· 65

　　　　5.1.3　动力驱动系统与控制策略 ·· 67

　　　　5.1.4　热管理部分 ··· 68

　　　　5.1.5　充电方式 ··· 69

　　　　5.1.6　铝质车身 ··· 70

　　　　5.1.7　车载软件系统 ·· 71

　5.2　比亚迪 e6 先行者 ·· 76

　　　　5.2.1　概述 ·· 76

　　　　5.2.2　电池组与电源管理系统 ··· 77

5.2.3　电机与控制系统 ·· 79

5.2.4　充电 ··· 86

5.2.5　空调系统 ·· 86

5.2.6　比亚迪 i 系统 ·· 89

5.3　奔驰 S400 Hybrid ··· **89**

5.3.1　概述 ··· 89

5.3.2　混合动力系统 ·· 90

5.3.3　底盘系统 ·· 96

5.3.4　低温冷却系统 ·· 97

5.3.5　车辆工作模式的显示 ·· 98

5.4　丰田普锐斯 ··· **99**

5.4.1　概述 ··· 99

5.4.2　阿特金森发动机 ··· 101

5.4.3　变速驱动桥与换档控制系统 ·· 102

5.4.4　动力电池组 ·· 106

5.4.5　功率控制单元与控制系统 ·· 106

5.4.6　空调系统 ··· 110

5.5　奥迪 Q5 Hybrid ··· **115**

5.5.1　概述 ··· 115

5.5.2　2.0L TFSI 发动机 ··· 115

5.5.3　底盘系统 ··· 118

5.5.4　混合动力系统中的高压与控制部分 ··· 120

5.5.5　空调系统 ··· 127

5.5.6　12V 车身电气部分 ··· 127

5.6　宝马 X6　Hybrid ·· **131**

5.6.1　概述 ··· 131

5.6.2　运行模式与显示 ··· 132

5.6.3　空调压缩机 ·· 135

5.6.4　动力电池 ··· 136

5.6.5　高压系统供电电子装置 ·· 138

5.6.6　双模式主动变速器 ··· 139

5.6.7　混合动力制动系统 ··· 140

三　检测维修篇

第 6 章　新能源汽车的检修 ··· **144**

6.1 安全操作 ·· 144

　6.1.1 新能源汽车售后技术人员工作职责 ·················· 144

　6.1.2 新能源汽车高压电力系统的危险性与处理方法 ······ 144

　6.1.3 安全操作规范 ·································· 147

6.2 检修方法 ·· 153

　6.2.1 动力电池组的检修 ·································· 153

　6.2.2 驱动电机的检修 ···································· 155

　6.2.3 充电管理系统的检修 ································ 156

　6.2.4 空调系统的检修 ···································· 158

　6.2.5 其他车载电气系统的检修 ···························· 159

第7章 故障案例分析 ·· 160

7.1 北汽新能源 E150EV 无法行驶故障 ························ 160

7.2 比亚迪 e6 不能行驶故障 ································· 161

7.3 丰田普锐斯空调系统故障 ································ 163

7.4 奔驰 S400 Hybrid 不能起动故障 ························ 164

7.5 奔驰 S400 Hybrid DC/DC 变换器故障 ··················· 166

7.6 丰田普锐斯行驶中熄火故障 ····························· 166

7.7 丰田凯美瑞混合动力轿车发动机故障灯点亮故障 ·········· 167

7.8 比亚迪 e6 轿车无法充电故障 ··························· 168

7.9 荣威 E50 全车无电故障 ································· 170

7.10 江淮同悦纯电动汽车无法行驶故障 ······················ 171

7.11 丰田普锐斯无法进入 READY 状态 ······················ 173

参考文献 ·· 175

一　基础篇

第1章

新能源汽车基础

1.1 新能源汽车概述 ----------------------------------○━✦

1.1.1 新能源汽车的定义

目前，传统燃料（汽油或柴油）汽车作为消耗和排放大户，加剧了全球能源和环境的挑战。因此，世界各国就新能源汽车发展形成了共识，包括纯电动、燃料电池技术在内的纯电驱动将是新能源汽车的主要发展方向，插电式混合动力车型将是重要的补充形式。

我国工业和信息化部 2017 年发布的《新能源汽车生产企业及产品准入管理规定》对新能源汽车的定义是：采用新型动力系统，完全或者主要依靠新型能源驱动的汽车，包括纯电动汽车、混合动力（含增程式）电动汽车和燃料电池电动汽车等。考虑到我国目前的实际情况，本书中的混合动力汽车既包含插电式混合动力汽车，也包含不插电式混合动力汽车。

纯电动汽车是指驱动能量完全由电能提供、由电机驱动的汽车。电机的驱动电能来源于车载可充电储能系统或其他能量储存装置。纯电动汽车是涉及机械、电子、电力、微机控制等多学科的高科技技术产品，是与燃油汽车相对应的。纯电动汽车最早出现在英国，1834年 Thomas Dwenport 在布兰顿演示了采用不可充电的玻璃封装蓄电池的蓄电池车，此车的出现比世界上第一辆内燃机汽车早半个世纪。电动汽车在 20 世纪 20 年代达到鼎盛时期，然而在燃油汽车出现后，纯电动汽车无论在整车质量、动力性能、行驶里程、机动性和灵活性方面越来越落后于燃油汽车。但在全球温室效应与能源问题逐渐受到各国政府的重视下，各国的污染法规渐趋严格，因此对低污染车辆的需求势必增加。随着各种高性能电池和高效率电机的不断出现，人们又把目光转向了零污染或超低污染排放的电动汽车。20 世纪 70 年代，新一代纯电动汽车脱颖而出，而后出现了各种高性能的纯电动汽车。例如，比亚迪 e6 纯电动汽车可续驶 300km，最高车速 160km/h；长安奔奔纯电动汽车续驶里程 150km，最高车速 120km/h；宝马 Mini 纯电动汽车可续驶 240km，最高车速 160km/h；三菱 iMiEV 纯电动汽车可续驶 150km，最高车速 130km/h；日产 Leaf 纯电动汽车可续驶 160km，最高车速 140km/h，只需 30min 可充电 80%，而 10min 充电可行驶 50km；奔驰 Smart Fortwo 纯电动汽车可续驶 121km，最高车速 135km/h。

传统汽车只有内燃机一种动力源，纯电动汽车或纯燃料电池电动汽车也只有电机一种动力源，混合动力汽车则至少有两种动力源，动力电池和氢燃料电池技术的发展将最终导致不同类型的汽车向纯电动汽车和纯燃料电池电动汽车方向发展。电动汽车的发展不但是动力系统的变化，其传动系统等也将随之发生变化。

由于一次石化能源的日趋缺乏，纯电动汽车被认为是汽车工业的未来。纯电动汽车是完全由蓄电池（如铅酸电池、镍镉电池、镍氢电池或锂离子电池）提供能量，由电机驱动的汽车。动力蓄电池组输出电能驱动电机，从而推动车辆行驶。动力蓄电池的电能通过充电系统在车辆行驶一定里程后进行补充。纯电动汽车主要由电力驱动控制系统、车载电源控制系统和辅助控制系统构成。电力驱动控制系统包括中央控制单元、驱动控制器、电机、机械传动装置；车载电源控制系统包括充电控制器（能量源）、动力蓄电池（能量单元）及能量管理单元；辅助控制系统包括助力转向单元、温控单元和辅助动力源等（不同车型会有所差别）。

纯电动汽车的特点是用户端真正实现了"零排放"，不依赖石油，只要有电力供应的地方都能够充电，但是由于动力蓄电池的能量密度和功率密度比汽油或柴油低很多，因此纯电动汽车的连续行驶里程有限。新能源汽车的技术特点见表 1-1。

表 1-1 新能源汽车的技术特点

类　型	优　点	缺　点
纯电动汽车	1. 能源利用率高 2. 低排放或零排放 3. 结构简单，因此故障率低 4. 噪声小	1. 续驶里程短 2. 需要充电站等配套设施
混合动力电动汽车	1. 功率利用率高 2. 续驶里程较长（有些类型的混动汽车与传统燃料汽车续驶里程相同） 3. 因空调等采用电机驱动，故故障率更低 4. 在走走停停的路况能耗与排放非常低	长距离高速行驶能耗与传统燃料汽车相差不大
燃料电池电动汽车	1. 零排放或接近零排放 2. 能源利用率高 3. 噪声小	1. 燃料储存安全性有待改善 2. 燃料电池的开发仍有待改善

1.1.2　新能源汽车与传统燃油汽车的区别

新能源汽车与传统燃油汽车的区别如下。

1）购车成本：新能源汽车免征车辆购置税，并享受国家和地方财政补助；传统汽车需缴纳车辆购置税，只能享受商家提供的优惠政策。当然这一点将随着国家和地方政策的改变而改变。

2）使用成本：新能源汽车每行驶 100km 使用成本为传统燃油汽车的 1/9。

3）维修保养：新能源汽车保修期为 5 年或 10 万 km（并非所有品牌），首保以及二次保养免费，在保修期内，如果零部件出现质量问题，绝大部分品牌的客户都将享受全免费维修。传统燃油汽车首保免费，保养价格跟车辆售价相关，且在使用中燃油滤芯、空气滤芯、空调滤芯、火花塞等部件须定期检查或更换。因此在维修保养方面，新能源汽车费用明显低于传统燃油汽车。

4）结构与原理：传统燃油汽车主要由发动机、底盘、车身和电器四大部分组成。新能源汽车除以上系统（纯电动汽车没有发动机）外还有电力驱动系统、主能源系统和辅助控制系统，其中电力驱动系统由电控系统、电机、传动系统和驱动车轮等部分组成；主能源系统由动力电池为核心的能量管理系统构成，能量管理系统能实现能源利用监控、能量再生、协调控制等作用；而辅助控制系统主要包括辅助动力源、动力转向系统、其他辅助装置等。

5）排放性：纯电动汽车无内燃机，可以实现零排放；混合动力汽车上搭载的传统燃油发动机工作在最佳工况下，排放大大降低。传统内燃机汽车虽然有比较完善的尾气处理装置，但其排放仍含 CO 和 HC，而 CO 和 HC 是大气污染中危害最大的。对比排放废气中的 CO_2 纯电动汽车排放量减少了约 30%，这对缓解温室效应引起的全球变暖及气候异常有较大的作用。另外，纯电动汽车无内燃机产生的噪声。

6）能源效率：电动汽车能源效率已超过汽油机汽车，特别是在城市运行工况，汽车走走停停，行驶速度不高，电动汽车停止时不消耗电量，在制动过程中，电机可自动转化为发电机，实现制动减速时能量的再利用。

1.1.3　新能源汽车研发概况

2001 年，我国将新能源汽车研发列入了"十五"国家 863 计划重大专项，形成了以纯电动、插电式混合动力、燃料电池三条技术路线为"三纵"，以动力蓄电池、驱动电机、动力总成控制系统三种共性技术为"三横"的新能源汽车研发格局，共计 200 多家整车及零部件企业、高校和科研院所，以及 3000 多名科技人员直接参加了电动汽车专项研发。2017 年共有 280 余款新能源汽车进入我国汽车产品公告，建成数十个电动汽车国家重点实验室等国家级技术创新平台。

目前，世界各国虽然都很重视新能源汽车的发展，但是各有侧重。美国侧重解决石油依赖，保证石油安全；欧洲侧重温室气体的减排；日本侧重既保证能源安全，又提高产业的竞争力。在技术路线的选择方面，欧、美、日在早期主要以替代燃料为主，如欧洲、美国发展生物燃料，但近期基本都转向发展纯电动汽车，把长期发展纯电动汽车、短期内发展插电式混合动力汽车作为发展新能源汽车规划的重要组成部分。

1.2　新能源汽车的分类及基本构造原理

1.2.1　纯电动汽车

纯电动汽车（Battery Electric Vehicle，BEV）传动动力驱动简图如图1-1所示。

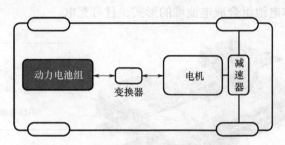

图1-1　纯电动汽车传动动力驱动简图

目前市场上的纯电动汽车有些是在燃料（汽油或柴油）汽车基础上改进而来，有些则是全新研发的，本节仅介绍其基本构造，如图1-2所示，不同品牌车型在基本构造基础上会有所不同，但基本功能模块相同。

图1-2　纯电动汽车基本构造
1—车载电源模块　2—电力驱动主模块　3—底盘与车身

1. 底盘与车身

纯电动汽车的底盘略简单于传统燃料汽车，但仍是整个汽车的基体，它提供驾乘空间，为各部件提供支承，同时也将电机的动力进行传递和分配，并按驾驶人的意图（加速、减速、转向、制动等）行驶。

2. 高压电力驱动系统

高压电力驱动系统按功能可分为车载电源模块、电力驱动主模块、电气与其他辅助模块三部分。

1）车载电源模块。车载电源模块主要由电源、能源管理系统和充电控制器三部分组成。

① 电源。动力蓄电池（图1-3）是纯电动汽车的唯一能量源，它除了供给汽车驱动行驶所需的电能外，也是供应汽车上各种辅助装置的工作电源。它负责为常规用电设备提供12V 或 24V 的低压电源和电机驱动的高压电源（如240V 或 380V）。目前纯电动汽车的动力蓄电池均采用多块单体电池组合成电池堆的形式，且可充电。

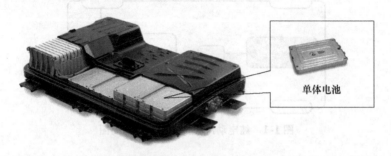

单体电池

图1-3 纯电动汽车动力蓄电池总成

② 能源管理系统。能源管理系统的主要功能是在汽车行驶中进行能源分配，协调各功能部分工作的能量管理，使有限的能量源最大限度地得到利用。能源管理系统与电力驱动主模块的中央控制单元配合在一起控制发电回馈，使在纯电动汽车降速制动和下坡滑行时进行能量回收，从而有效地利用能源，提高纯电动汽车的续驶能力。能源管理系统还须与充电控制器一同控制充电。为提高动力电池性能的稳定性和延长使用寿命，需要实时监控电源的使用情况，对动力蓄电池的温度、电解液浓度、动力蓄电池内阻、电池端电压、当前电池剩余电量、放电时间、放电电流或放电深度等动力蓄电池状态参数进行检测，并按动力蓄电池对环境温度的要求进行调温控制，通过限流控制避免动力蓄电池过充、放电，对有关参数进行显示和报警，其信号流向辅助模块的驾驶舱显示操纵台，以便驾驶人随时掌握并配合其操作，按需要及时对动力蓄电池充电并进行维护保养。

③ 充电控制器。充电控制器是把电网供电制式转换为对动力电池充电要求的制式，即把交流电转换为相应电压的直流电，并按要求控制其充电电流。充电开始时充电控制器将控制对动力电池进行恒流充电以保证充电效率。当电池电压上升到一定值时，充电控制器将控制对动力电池进行恒压充电，以保证动力电池能够充满电。当恒压充电使动力电池充电量超过90%（该数值不同品牌电池会略有不同，如有些电池该数值为95%）后，充电控制器将控制充电电流逐渐减小。当充电电流减小到一定值时，充电控制器将控制对动力电池进行涓流充电，直至动力电池完全充满。充电指示、充电插口、充电桩如图1-4和图1-5所示。

2）电力驱动主模块。电力驱动主模块主要由中央控制单元、驱动控制器、电机等组成。为适应驾驶人的传统操纵习惯，纯电动汽车仍保留了加速踏板、制动踏板及有关操纵手柄或按钮等。不过在纯电动汽车上是将加速踏板、制动踏板的机械位移量转换为相应的电信号，输入到中央控制单元来对汽车的行驶实行控制。对于离合器，除了传统的驱动模式采用外，其他的驱动结构都省去了。而对于变速杆，为遵循驾驶人的传统习惯，一般仍需保留，有前进档、空档、倒档三个档位，并且以开关信号传输到中央控制单元来对汽车进行前进、停车、倒车控制。

图 1-4　充电指示与充电插口　　　　　　　　　　图 1-5　充电桩

①中央控制单元。中央控制单元不仅是电力驱动主模块的控制中心，也要对整辆纯电动汽车的控制起协调作用。它根据加速踏板与制动踏板的输入信号，向驱动控制器发出相应的控制指令，对电机进行起动、加速、降速、制动控制。在纯电动汽车降速和下坡滑行时，中央控制器配合车载电源模块的能源管理系统进行发电回馈，使动力蓄电池反向充电。对于与汽车行驶状况有关的速度、功率、电压、电流及有关故障诊断等信息，还需传输到辅助模块的驾驶舱显示操纵台，进行相应的数字或模拟显示，也可采用液晶屏幕显示来提高其信息量。现代汽车控制系统已较多地采用总线控制方式，特别是对于采用轮毂电机进行四轮驱动系统的控制模式，更需要运用总线控制技术来简化纯电动汽车内部线路的布局，提高其可靠性，也便于故障诊断和维修，并且采用模块化结构，一旦技术成熟其成本也将随批量的增加而大幅下降。

②驱动控制器。驱动控制器实物如图 1-6 所示，功能是按中央控制单元的指令、电机的速度和电流反馈信号，对电机的速度、驱动转矩和旋转方向进行控制。驱动控制器与电机必须配套使用，目前对电机的调速主要采用调压、调频等方式，这主要取决于所选用的驱动电机类型。由于动力电池以直流电方式供电，所以对直流电机主要是通过 DC/DC 变换器进行调压调速控制的；而对于交流电机需通过 DC/AC⊖变换器进行调频调压

图 1-6　驱动控制器

<hr>

⊖　直流电流英文为 Direct Current，简称 DC。交流电流英文为 Alternating Current，简称 AC。

矢量控制；对于磁阻电机是通过控制其脉冲频率来进行调速的。当汽车进行倒车行驶时，需通过驱动控制器使电机反转来驱动车轮反向行驶。当纯电动汽车处于降速和下坡滑行时，驱动控制器使电机运行于发电状态，电机利用其惯性发电，将电能通过驱动控制器回馈给动力电池。

③ 电机。电机（图1-7、图1-8）在纯电动汽车中被要求承担着电动和发电的双重功能，即在正常行驶时发挥其主要的电动机功能，将电能转化为机械旋转能；而在降速和下坡滑行时又被要求进行发电，将车轮的惯性动能转换为电能。电机的选型一定要根据其负载特性来选，通过对汽车行驶时的特性分析，可知汽车在起步和上坡时要求有较大的起动转矩和较高的短时过载能力，并有较宽的调速范围和理想的调速特性，即在起动低速时为恒转矩输出，在高速时为恒功率输出。电机与驱动控制器所组成的驱动系统是纯电动汽车中最为关键的部件，纯电动汽车的运行性能主要取决于驱动系统的类型和性能，它直接影响着车辆的各项性能指标，如车辆在各工况下的行驶速度、加速与爬坡性能以及能源转换效率。

电机

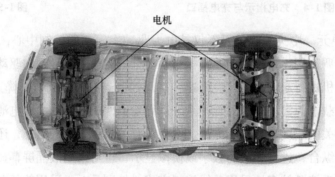

图1-7　特斯拉的集中式电机

3）电气与其他辅助模块。目前纯电动汽车电气系统基本可以实现与传统汽车相同的各项功能（如照明、空调、便捷系统、仪表显示与信息娱乐系统、防盗系统等）。下面仅就不同之处做介绍。

① 空调系统。纯电动汽车没有传统的发动机作为空调压缩机的动力源，也不能提供作为汽车空调冬天制热用的热源，一般均采用电动空调压缩机（图1-9）和电加热系统（图1-10）的解决方案。

图1-8　大众的轮毂电机

图1-9　电动空调压缩机

② 仪表显示与信息娱乐系统。纯电动汽车的组合仪表板（图 1-11）除了常规显示以外，一般还提供诸如电动行驶里程、电驱动瞬间耗电量、电驱动平均耗电量、充电过程信息、驾驶模式选择、可用功率（目前可用的功率）等相关信息。

图 1-10　电加热系统

图 1-11　比亚迪 e6 先行者组合仪表板

1.2.2　混合动力电动汽车

混合动力电动汽车（Hybrid Electric Vehicle，HEV）是指能够至少从下面两类车载储存的能量中获得动力的汽车：可消耗的燃料、可再充电能/能量储存装置。通常所说的混合动力汽车，一般是指油电混合动力汽车，即采用传统的内燃机（柴油机或汽油机）和电机作为动力源；也有的发动机经过改造使用其他替代燃料，例如压缩天然气、丙烷和乙醇燃料等。

1. 按动力驱动的配置结构关系分类

混合动力汽车按照动力驱动的配置结构关系可以分为串联式、并联式、混联式三种，其基本构造与原理如下。

（1）串联式混合动力系统

串联式混合动力系统基本原理示意图如图 1-12 所示，即发动机在任何情况下都不参与驱动汽车的工作，它只能通过带动发电机为电机提供电能。串联式结构的动力来源于电机，发动机只能驱动发电机发电，并不能直接驱动车辆行驶。雪佛兰沃蓝达串联式混动系统主要部件位置如图 1-13 所示，其组成部件实物如图 1-14 所示。

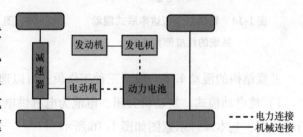

图 1-12　串联式混合动力系统基本原理示意图

（2）并联式混合动力系统

并联式混合动力系统基本原理示意图如图 1-15 所示，它是在普通汽车的基础上加装一套电能驱动系统（电机和动力电池），发动机和电机都能单独驱动车轮，也可以同时工作，共同驱动车辆行驶。当动力电池电量不足时，发动机还能带动电机（此时为发电机）为动力电池充电。由于只有一台电机，没有独立的发电机，无法实现混合模式下发动机为动力电池充电的功能，当电量耗尽时，只能依靠发动机驱动。并联式的结构更加复杂，制造成本也会相对高一些。

图 1-13　雪佛兰沃蓝达串联式混动系统主要部件位置

1—驱动电机　2—发动机与发电机总成　3—动力电池组

a) 发动机与发电机总成　　　b) 驱动电机

c) 动力电池组

图 1-14　雪佛兰沃蓝达串联式混动
系统的组成部件实物

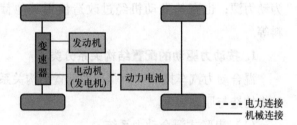

图 1-15　并联式混合动力系统基本原理示意图

并联结构的混动车型一般有三种工作模式可以选择：

1）纯电动模式。发动机关闭，电池为电机供电，驱动车辆行驶。该模式多用于中低速行驶工况，基本原理示意图如图 1-16 所示。

2）纯燃油模式。发动机起动，驱动车辆行驶，同时能够带动电机反转为动力电池充电。其基本原理示意图如图 1-17 所示。

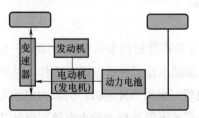

图 1-16　并联式混动系统纯电动
模式基本原理示意图

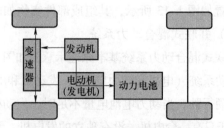

图 1-17　并联式混动系统纯燃油
模式基本原理示意图

3）混合模式。该模式即发动机与电机同时驱动模式。这种工况下发动机与电机同时起动，驱动车辆行驶。该模式多用于爬坡、急加速以及其他高负荷工况，其基本原理示意图如图 1-18 所示。

图 1-19、图 1-20 为奥迪的并联式混合动力系统实物。

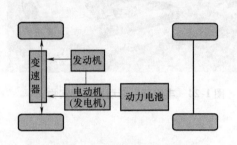

图 1-18　并联式混动系统混合
模式基本原理示意图

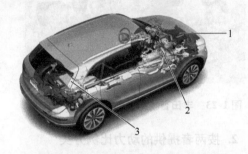

图 1-19　奥迪 Q5 Hybrid 实物
1—发动机　2—驱动电机总成　3—动力电池组

（3）混联式混合动力系统

混联式混合动力系统基本原理如图 1-21 所示，即在并联的基础上加入一个发电机，即普通汽车 + 电机 + 发电机。但它不具备普通燃油汽车上配置的变速器，通常是用一种所谓 "ECVT" 行星齿轮结构的耦合单元替代了变速器，起到连接、切换两种动力以及减速增扭的作用。也有一些厂家在混联结构中使用普通的变速器，如双离合变速器、无级变速器（CVT）等，但是效果远不及这种 ECVT 变速结构。与

图 1-20　奥迪 Q5 Hybrid 驱动电机总成实物图

并联式工作模式相比，有些混联式增加了充电模式，即在电机驱动车辆时发动机起动，带动发电机为动力电池充电。

图 1-22 ～ 图 1-24 为丰田普锐斯的混联式混合动力汽车及发动机、动力电池实物。

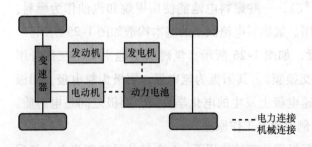

图 1-21　混联式混动系统基本原理

图 1-22　丰田普锐斯混联式混合动力汽车实物
1—动力电池　2—ECVT　3—控制单元　4—发动机

图1-23　丰田普锐斯发动机与ECVT实物

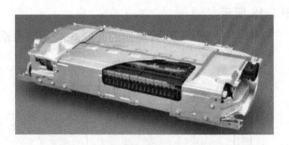

图1-24　丰田普锐斯动力电池实物

2. 按两者提供的动力比例分类

（1）微混式混合动力汽车

微混式混合动力汽车拥有至少两种动力来源，但只用其中的一种能源（传统内燃机）进行驱动，电机系统一般只在起动、制动回收等工况下工作，由此可以在一定程度上提高车辆的能源使用效率。

（2）轻度混合动力汽车

轻度混合动力（Mild Hybrid）从结构上来说也可称之为并联式油电混合系统，但混动效果有限，一般只在起停控制、有限的辅助发动机、制动能量回收等工况下工作。轻度混合动力汽车无法完全脱离内燃机的驱动而仅依靠电力驱动。

（3）重度混合动力汽车

重度混合动力汽车指车辆可以单独依靠内燃机或电机或二者混合提供动力的方式来驱动车辆的前进，结构上也可称为混联式系统。此类车型一般通过计算机控制的传动装置切换传统内燃机、动力电池或同时驱动车辆的时机。

1.2.3　燃料电池电动汽车

燃料电池电动汽车（Fuel Cell Electric Vehicle，FCEV）是指以燃料电池系统作为单一动力源或者是以燃料电池系统与可充电储能系统作为混合动力源的电动汽车。和普通化学电池相比，燃料电池可以补充燃料（如补充氢气），一些燃料电池能使用甲烷和汽油作为燃料，但通常是限制在电厂和叉车等工业领域使用。氢燃料电池汽车的基本构造如图1-25所示。

燃料电池本质是水电解的"逆"装置，如图1-26所示，氢燃料电池主要由三部分组成，即阳极、阴极、电解质（图中的质子交换膜）。其阳极为氢电极，阴极为氧电极，阳极和阴极上都含有一定量的催化剂，用来加速电极上发生的电化学反应，两极之间是电解质。本节以质子交换膜燃料电池（PEMFC）为例说明其工作原理。

氢气通过管道或导气板到达阳极，在阳极催化剂的作用下，1个氢分子解离为2个氢质子，并释放出2个电子，阳极反应为$H_2 \rightarrow 2H^+ + 2e$。氧气（或空气）通过管道或导气板到

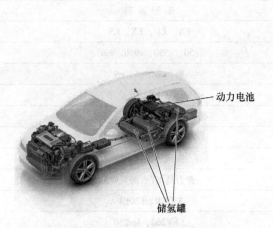

图 1-25　氢燃料电池汽车的基本构造　　　　图 1-26　氢燃料电池的基本构造

达阴极，在阴极催化剂的作用下，氧分子和氢离子与通过外电路到达阴极的电子发生反应生成水，阴极反应为 $\frac{1}{2}O_2 + 2H^+ + 2e \to H_2O$，总的化学反应为 $H_2 + \frac{1}{2}O_2 = H_2O$

电子在外电路形成直流电，因此，只要源源不断地向燃料电池阳极和阴极供给氢气和氧气，就可以向外电路的负载连续地输出电能，使电机运转，驱动车辆行驶。虽然氢燃料电池汽车只产生水作为排放物，但目前普及仍有一定难度，原因有以下几点：

1）氢气的获取虽然手段不少，但以目前的技术综合评估成本、污染等问题，并不算一个很"环保"的办法。

2）氢如果用气体方式储存，需要很大的空间，对于汽车来说是个不小的挑战，否则装的太少，续驶里程也会大打折扣，需要高压压缩，对于储存容器要求非常高；如果液化，需要超低温超高压，并且还要损失 30%的能量（氢液化损失），对于存储容器要求也非常高（最终就是成本高）；除了成本以外，储存容器还得非常结实，否则碰撞爆炸，后果不堪设想。丰田 Mirai 的储氢罐采用高强度的碳纤维制造，122L 的容量可容纳大约 700 个大气压（1 标准大气压 = 101kPa）。

3）燃料电池所用的催化剂是贵重金属（如丰田 Mirai 采用金属"铂"），价格相当高，并且资源有限，大规模量产几乎无可能。

4）加氢站的建设成本也是非常高的，远远高于充电桩和加油站。因此，没有国家的扶植，没人愿意建设加氢站。目前日本本土约有 100 个，美国加州大概 50 个。

1.3　各品牌新能源汽车概况

目前世界各国汽车品牌旗下均有新能源车型上市销售，表 1-2 列出目前主流市场新能源汽车品牌概况。

表1-2　新能源汽车品牌概况

国家或地区	品　牌	车　型　系　列
中国	北汽新能源	EV、EU、EX、ES
	上汽荣威	e50、e550、e950、ei6
	比亚迪	唐、秦、e5、e6
	奇瑞	eQ、QQ3 EV、艾瑞泽7e
	帝豪	帝豪EV、XC90 T8、S60L
	长安	奔奔EV、逸动
	东风	御风、风神E30
	郑州海马	普力马EV、海马@3
	力帆	330EV、620EV
	华泰	XEV260、Iev230
	众泰	芝麻、云100
	江淮	IEV6S
	江铃	E200
	厦门金龙	凯歌
	东风启辰	晨风
	上汽大通	V80
	腾势	腾势
	苏州金龙	海格H4E、海格H6V
欧洲	大众	途锐、A3、高尔夫GTE、e-UP、保时捷918 spyder
	宝马	5系、7系、X1、X5、i3、i5
	奔驰	GLE、S级、C级
	法拉利	LaFerrari
	迈凯轮	P1
	路虎	揽胜
美国	通用	沃蓝达、迈锐宝、凯迪拉克凯雷德、凯迪拉克CT6
	特斯拉	Model S、Tesla Model X、Tesla Model 3
	福特	蒙迪欧、C-MAX、林肯MKZ
日本和韩国	丰田	普锐斯、卡罗拉双擎、CT等雷克萨斯系列
	本田	雅阁、思铂睿、CR-Z
	日产	楼兰、聆风（Leaf）
	现代（包括起亚）	北京现代索纳塔、东风悦达起亚K5

注：本表格以2017年市场为准，无法涵盖所有新款新能源车型。

第2章

新能源汽车的使用

纯电动汽车由于没有复杂的动力传动系统，所以与传统燃油汽车相比变得简单。混合动力汽车则具备了传统燃油汽车和纯电动汽车的使用特点。本书非车辆使用手册，故在本章节中仅介绍纯电动汽车起动、行驶、充电等操作的技术要点，这些操作在不同车型中可能会因配置不同而略有差异，详情请以厂家的使用手册为准。

2.1 起动与行驶、各种行驶模式的切换

2.1.1 起动与行驶

电动汽车起动与行驶一般按照下列步骤进行。

1）车身防盗系统解除锁定，智能钥匙在车内。

2）踩下行车制动踏板，确保驻车制动解除。

3）按下起动开关，仪表板中电源已经接通，指示灯点亮，如图2-1中箭头所示。

4）将变速杆设定在D档位，松开制动，踩加速踏板，车辆即可起步行驶。

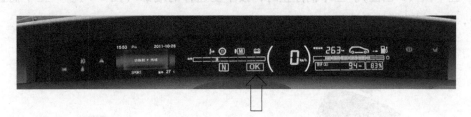

图2-1 比亚迪e6仪表板中的电源已经接通标识

2.1.2 车辆运行模式的切换

在纯电动汽车上，P档位是驻车档，踩下制动踏板，起动车辆OK（有些车辆显示READY，如图2-2所示）灯亮起后，即可将档位从P档位切换至其他档位；R档位是倒车档，在汽车停稳后方可使用；N档位是空档，当需要暂时停车时使用；D档位是行车档，供正常行驶时使用。除在起动时要踩下制动踏板外，其他时候档位之间的切换直接操纵变速杆

（图2-3）即可实现。换档成功后，手松开，变速杆自动回到中间位置。

图2-2　READY 指示灯

图2-3　比亚迪 e6 变速杆

也有一些车辆采用推杆式换档，如特斯拉的变速杆，其档位切换如图 2-4 所示。Model S 处于驻车档时须踩下制动踏板以切换到另一档位。将变速杆向上或向下移动可以换档。如果某些档位禁用，尝试切换到该档位时将听到报警的声音，且档位不改变。

1）倒档（R 档位）。变速杆一直向上推并松开。只在车辆已经停下或移动速度小于 8km/h 时才可以换入到倒档。如移动速度小于 1.6km/h，必须踩下制动踏板。

2）空档（N 档位）。变速杆一直向上或向下推到第一位置并松开可挂入空档。当车辆处于驻车档时使用触摸屏来松开驻车制动器（点击"控制"→"驻车和电源"→"驻车制动"），车辆将切换到空档。当离开车辆时，车辆自动切换入驻车档。为使车辆置于空档，使用触摸屏设置牵引模式。

3）前进档（D 档位）。变速杆一直向下推并松开。当车辆已经停下或在倒档中移动速度低于 8km/h 时可以切换到前进档。如果车辆移动速度低于 1.6km/h，必须踩下制动踏板以切换到前进档。

4）驻车档（P 档位）。当车辆停止时，按下变速杆的端部（图 2-5）。一旦车辆置于驻车档中，驻车制动器就会被起动。

图2-4　特斯拉的档位切换

图2-5　特斯拉的驻车档

在以下情况时，车辆自动切换入驻车档：离开车辆、连接了充电电缆。

5）手动释放驻车制动器。特斯拉使用触摸屏手动释放驻车制动器（可将车辆换到空档）。点击"控制"→"驻车和电源"，踩下制动踏板，然后点击"驻车制动"。如果之前车辆是在驻车档，它会切换到空档位置。无论何时，当使用触摸屏手动施加驻车制动器时，仪表板上的指示灯会亮起（图2-6）。

如果驻车制动器发生了电气问题，在触摸屏的上部中间位置会显示一个琥珀色驻车制动故障信息指示灯（图2-7）。

图2-6　驻车制动启用指示灯（红色）

图2-7　驻车制动故障信息指示灯（黄色）

6）牵引模式。在任何情况下，如果车内人员停车并离开车辆时，车辆将自动切换到驻车档。离开时，为使车辆始终处于空档以便保持自由移动（例如使用运输车辆牵引等），启用牵引模式的方法是：

① 切换到驻车制动。

② 踩下制动踏板。

③ 点击"控制"→"驻车和电源"→"牵引模式"，车辆发出蜂鸣声，并切换到空档（解除驻车制动）。

2.1.3　制动能量回收级别设置

当车辆在行驶中且驾驶人脚离开了加速踏板，并能够预测到将要停车时，制动能量回收将起动。仪表板上的功率表实时反馈显示通过制动能量回收获得的能量。通过制动能量回收反馈回电池的能量大小可能取决于电池的当前状态和所使用的充电量设置。如果制动能量回收受到限制，在功率表上会显示一条虚的黄线（例如电池已充满电或环境温度较低时），特斯拉制动能量回收限制标记如图2-8所示。

驾驶人可以设置制动能量回收的级别，本节以特斯拉为例介绍。

使用触摸屏，点击"控制"→"驾驶"→"能量回收制动"，从两个级别进行选择：

图2-8　特斯拉制动能量回收限制标记

1）标准——提供最大数量的制动能量回收。当松开加速踏板，车辆惯性将拖动发电机（此时车辆的驱动电机将作为发电机来工作）运转产生电能，在这个过程中同时产生对车辆的制动转矩。在该模式下发电机工作效率最高，产生的制动转矩也最大，使车辆获得最大减速度，回收能量最大。

2）低——限制制动回收能量的数量。当松开加速踏板，车辆将使用更长距离来降低车速并滑行更远。

2.1.4 不同动力模式的切换

一般纯电动汽车至少提供运动（SPORT）和节能（ECO）两种模式可以选择，在驾驶车辆时按下切换按钮即可在不同驾驶模式下切换，如图2-9、图2-10所示。

图2-9　比亚迪 e6 的模式切换按钮

车辆在运动模式则优先考虑车辆的动力性和舒适性，而节能模式则优先考虑最低的电能消耗，进入节能模式则电控系统会采取以下措施：

1）空调和座椅加热功能受到限制。

2）对送风机和加热输出进行优化。

3）对空调压缩机进行调节。

4）关闭外后视镜加热。

5）座椅加热限定为37.5℃（车型配置不同温度会有所不同）。

图2-10　宝马 i3 的模式切换
按钮（驾驶舱中央扶手左侧）

6）加速踏板响应速度会变慢。

7）车速的上升速度会更加循序渐进。

8）变速器换档更加积极。

2.2 舒适与便捷功能的使用与操作

在空调系统的具体操作上，新能源汽车与传统燃料汽车相比并没有太多的区别，本节以比亚迪 e6 为例介绍各操作按键的功能。

比亚迪 e6 空调面板如图2-11所示，各按钮功能如下：

（1）第一排由左至右

1）"OFF"按钮。按"OFF"按钮关闭空调系统。

2）"A/C"按钮。按"A/C"按钮压缩机运转，开启制冷模式。

3）"AUTO"按钮。按下"AUTO"按钮，指示灯点亮，表示已经选择了自动操作模式，在自动操作模式下，空调系统将根据设定温度来选择最合适的风扇转速、送风模式和开关空调。如果在自动操作模式中按下任何手动控制按钮，相应所按下按钮的状态将被设定，其他情况仍继续被自动调节。当将温度设定到下限（LO）或上限（HI）时，系统只按照全冷气或全暖气模式运行，无法控制车内温度。

4）"MODE"按钮。按"MODE"按钮，选择送风模式。在自动操作时，除非需要其他的送风模式，否则不需要操作送风选择按钮。

5）前除霜按钮。按下该按钮，打开除雾功能，无论"A/C"按钮是否按下，"A/C"按钮指示灯都将点亮，这样可以更加迅速地使前方视野变清晰。

（2）第二排由左至右

1）温度控制按钮。温度控制按钮用于驾驶舱内的温度调节。按下"△"，可升高温度。按下"▽"，可降低温度。当调节至最冷时，显示"LO"；调节至最热时，显示"HI"。

2）风扇转速控制按钮。按风扇转速控制按钮，将按钮设定在需要的转速上，按"＋"（升高）按钮或"－"（降低）按钮调整风扇的转度。按"OFF"按钮关闭风扇。要除去风窗玻璃内侧的霜和雾时，设定风扇转速为高速。

3）进风模式选择按钮。按下该按钮切换空气循环（车内循环或车外循环）。

4）后风窗除霜按钮。按下该按钮切换至后风窗和后视镜加热功能。

图 2-11　比亚迪 e6 空调面板

2.3　组合仪表板各项功能与显示

纯电动汽车的组合仪表板可分为警告灯区域、行车信息区域、电量信息区域等几个部分，比亚迪 e6 仪表板实物如图 2-12 所示。

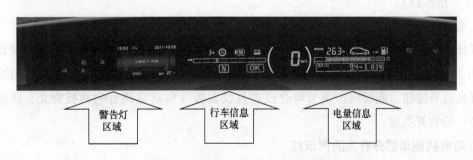

图 2-12　比亚迪 e6 组合仪表板实物

仪表板信息详解如下。

1. 车速表

当点火开关打开时，此表（图2-13）指示车辆行驶速度。此表默认显示单位为mile/h，可通过菜单中的单位设置选择km/h。

2. 电量信息区域

该区域主要显示电量、续驶里程、里程等信息，如图2-14所示。起动开关打开时，该表指示动力电池的电量，此指示为左右对称布置，左右指示同时变化。当指示条将要或已进入红色区域时请尽快对车辆进行充电。续驶里程是根据剩余电量并结合车辆行驶工况所计算显示剩余电量所能支持的行驶距离。此表默认显示单位为mile，可通过菜单中的单位设置选择km。里程表显示车辆已行驶的总里程数，双短距离里程表显示将两个短距离里程表设定为零以来的不同行驶里程数。可以用一个短距离里程表来计算里程（TRIP A），用另一个来测定每次行驶的里程数（TRIP B）。该短距离里程表（TRIP A/TRIP B）的读数，然后按住该钮直至仪表被设定为零为止。

图2-13　比亚迪e6车速表

图2-14　比亚迪e6电量信息区域

3. 行车信息区域

行车信息区域主要显示功率、档位、系统通电提示等信息。功率表默认用kW来指示整车的功率，可通过菜单中的单位设置选择hp。能量回收时（如下坡时或靠惯性行驶时），功率指示值可能为负值。当前能量传输显示电池驱动或能量回收工况。变速杆在某位置时显示相应的档位指示。点火开关（即点火起动按钮）打开系统通电时会点亮该指示灯（图2-15中"OK"指示灯）。

4. 背光调节

打开点火开关，灯光组合开关在"位置灯打开"之外的其他位置时，按下背光调节按钮（图2-16），可以调节组合仪表的背光亮度。当灯光组合开关在"位置灯打开"位置时，按下背光调节按钮，能够同步调节组合仪表及仪表板（包括空调音响面板背光、转向盘按钮背光）的背光亮度。

5. 与电机驱动部分有关的指示灯

在新能源汽车上，为了能让驾驶人随时掌握电机驱动系统的工况，设置了一些专用的指示灯来完成这些工作，常见指示灯功能如下。

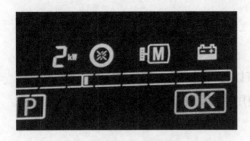

图 2-15　比亚迪 e6 行车信息区域

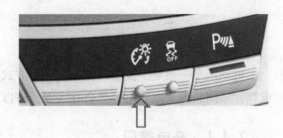

图 2-16　背光调节按钮

1）电机冷却液温度过高警告灯，如图 2-17 所示，如果此指示灯点亮，表示电机冷却液温度太高，须停车并使电机降温。在炎热的天气进行长途爬坡、频繁紧急制动、急加速、拖曳挂车时，电机可能会产生过热现象。

2）动力电池过热警告灯，如图 2-18 所示，如果此指示灯点亮，表示动力电池温度太高，须停车降温。

3）动力电池充电状态指示灯，如图 2-19 所示，当动力电池的电量接近用完时此灯点亮，须尽快给动力电池充电。

图 2-17　电机冷却液　　　　图 2-18　动力电池　　　　图 2-19　动力电池
温度过高警告灯　　　　　　过热警告灯　　　　　　充电状态指示灯

4）动力电池充电连接指示灯，如图 2-20 所示，当连接充电器后此灯点亮。

5）动力电池故障指示灯，如图 2-21 所示，当起动按钮处于 ON 档位时，此灯点亮。如果动力电池系统工作正常，则几秒后此灯熄灭。此后，如果系统发生故障，此灯将再次点亮，须尽快与售后服务店联系检查车辆。如果发生当起动按钮处于 ON 档位时，此灯不亮或持续发亮、驾驶中此灯点亮，则表示由警告灯系统监控的部件中发生故障，须尽快与售后服务店联系检查车辆。

6）动力电池切断指示灯，如图 2-22 所示，如果此指示灯点亮，表示车辆高压回路断开，无法行驶。

图 2-20　动力电池充电　　　图 2-21　动力电池故障　　　图 2-22　动力电池切断指示灯
连接指示灯　　　　　　　　指示灯

2.4 充电

电动汽车一般至少提供两种以上充电方式，本节以比亚迪 e6 为例说明充电设备与充电流程，不同品牌车型充电过程会有区别，请以厂家使用手册为准。

2.4.1 充电接口

一般插电式新能源车型都提供两个充电接口，例如比亚迪 e6 提供了两个充电接口，接口位于车后侧原油箱盖的位置（图 2-23），支持直流和交流充电方式。

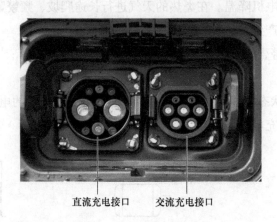

直流充电接口　　　交流充电接口

图 2-23　比亚迪 e6 充电接口

比亚迪 e6 充电方式一览表见表 2-1。

表 2-1　比亚迪 e6 充电方式一览表

充电方法	说　　　明	充 电 时 间
充电站，直流充电	在公共充电站充电	电量从 10%—100% 充电所需时间约为 2h
C10 充电柜直流充电	使用家用 C10 充电柜充电	电量从 10%—100% 充电所需时间约为 6～7h
充电桩，交流充电	在公共交流充电桩上充电	电量从 10%—100% 充电所需时间约为 20h
家用，交流充电	使用交流充电连接装置（三芯转七芯）在家用 220V、50Hz、10A 标准单相两极带接地插座上充电	电量从 10%—100% 充电所需时间约为 38h

不同品牌车辆打开充电盖板的方法有所不同，有些车辆和传统的油箱盖打开方法相同，但有些则有变化。如特斯拉 Model S 充电接口盖板打开方式是：充电接口位于 Model S 的驾驶人侧，将车辆停放好，在 Model S 解锁状态或附近有可识别的钥匙时，按下并释放充电电缆上的按钮（图 2-24）。如果正在使用的电缆上没有此按钮，点击中央显示屏上的"控制"→"充电接口"，也

图 2-24　特斯拉充电接口打开按钮

可点击触摸屏顶部的电池图标，然后点击充电屏幕上的"打开充电接口"按钮。

2.4.2　充电方法

图 2-25 所示为比亚迪 e6 的充电指示信息（100％），图 2-26 是其即时充电按钮。

图 2-25　充电指示信息（100％）

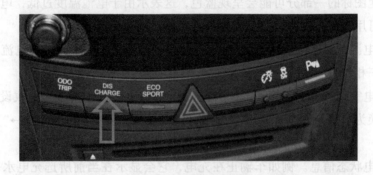

图 2-26　即时充电按钮

1. 在公共充电站大功率直流充电

（1）充电步骤

1）关闭点火开关。

2）按下即时充电（预约充电开启时间）按钮，15min 内连接充电器。

3）连接直流充电器，充电柜设置开始充电，仪表板上充电连接指示灯点亮。

4）仪表板会提示充电信息，充电完成后，直接断开充电器，如临时结束充电，充电柜设置结束充电。

5）断开直流充电器，按下开关，拔出直流充电器，并将充电器放在指定位置。关闭充电口盖和充电口舱门。直流即时充电结束。

（2）即时充电信息的显示

新能源汽车充电状态显示信息不同品牌有一定的区别，有些车型在仪表板上通过电量百分比直观显示，有些车型则还会显示一些其他附加信息。图 2-27 所示为特斯拉充电状态显示信息，各部分显示的具体信息如下。

① 每小时充电比率。

② 估计可行驶距离（或能量）。此处所显示的行驶距离可替换为显示电池剩余电量百分

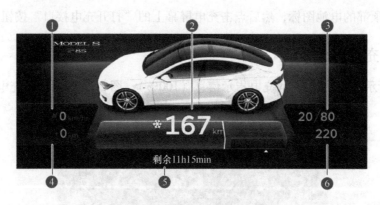

图 2-27　特斯拉充电状态显示信息

比。点击"控制"→"设置"→"语言和单位"→"充电单位"进行此操作。

备注：电池图标的一部分可能会呈现蓝色，这表示由于电池温度过低，电池中储存的一小部分电能不可用，此为正常现象。当电池升温时，图标中的蓝色将消失。

③ 已连接电源的供电电流/可用总电流。如果已连接三相电源，可用电流表示每相的电流且会显示出三相符号。

④ 本次充电完成时，估计能够增加的行驶距离（或能量）。可通过更改设置将此处显示的行驶距离替换为已达到的电量。点击"控制"→"设置"→"语言和单位"→"充电单位"进行此操作。

⑤ 显示充电状态信息。例如车辆正在充电，它会显示在当前所选充电水平下完全充满所需剩余时间，当为某一个地点设置了预定充电，充电要开始时该地点会显示出来。

⑥ 充电电缆提供的电压。

备注：如果车辆在充电过程中检测到意外的输入功率波动，它将自动降低 25% 充电电流。如果车辆或其电子充电器外部发生故障时，该功能可提高车辆的稳定性和安全性。当车辆自动降低一个位置的充电电流时，该位置将保持降低后的电流以防发生故障。

2. 在 C10 充电柜上直流充电（随车配件）

即时充电方法与在充电站直流充电相同。预约充电方法如下。

1）打开点火开关，设置预约充电（即什么时间开始充电及充电时间），保存，然后关闭点火开关。

2）打开充电口舱门，连接直流充电器。

3）打开 C10 充电柜电源，C10 充电柜面板如图 2-28 所示，中间为指示灯，最下位置为按钮与按钮指示灯。顺时针旋转急停按钮，按下绿色的起动按键。仪表板上充电连接指示灯点亮。整车进入计时器倒计时，给 12V 电池充电等待中。

4）计时器到预定时间则起动充电，充电时间结束，则自动停止充电。

图 2-28　C10 充电柜面板

5）充电结束后未拔下充电器，则自动进入下一次预约充电倒计时；如动力电池已充满，则自动结束充电。

6）设置结束充电，按下绿色起动按键，关闭电源，按下急停按钮，断开充电器，关闭充电口盖和充电口舱门。直流预约充电结束。

提示：C10 充电柜上有两个灯，一个是指示灯，一个是起动按钮灯，这两个指示灯状态如下：

① 待机时：指示灯红色常亮，按钮灯常灭。

② 预约等待：指示灯绿色常亮，按钮灯闪烁。

③ 充电过程：指示灯绿色常亮，按钮灯常亮。

④ 故障状态：指示灯黄色常亮，按钮灯常亮，保持 10s 后返回待机状态。

3. 在公共充电桩上交流充电

将车辆与交流充电桩的交流充电器相连，实现交流充电。即时充电方法如下：

1）关闭点火开关。

2）按下即时充电（预约充电开启时间）按钮，15min 内连接充电器，打开充电口舱门，连接车辆端交流充电器，仪表板充电连接指示灯点亮，充电桩设置起动充电。

3）结束充电，断开交流充电器，按下开关，拔出交流充电器，并将其放在指定位置，关闭充电口盖和充电口舱门，交流即时充电结束。

交流预约充电方法与直流预约充电方法类似，只是直流充电口改为交流充电口。

4. 通过交流充电连接装置家用交流充电

图 2-29 所示是比亚迪 e6 家用充电器（随车工具），通过三芯转七芯交流充电连接装置将车辆与家用插座相连。即时充电方法如下：

图 2-29　比亚迪 e6 家用充电器

1）关闭点火开关。

2）按下即时充电（预约充电开启时间）按钮，15min 内连接充电器，打开充电口舱门，打开交流充电口盖，连接供电插头，控制盒点亮 READY 指示灯；连接车辆端交流充电器，仪表板上充电连接指示灯点亮，车辆会自动起动交流充电。

3）结束充电，直接断开车辆端交流充电器，按下开关，拔出交流充电器，断开供电插头，整理交流充电连接装置，关闭充电口盖和充电口舱门，交流即时充电结束。

大众电动汽车 e-UP 充电接口如图 2-30 所示。

大众电动汽车充电方式一览表见表 2-2。

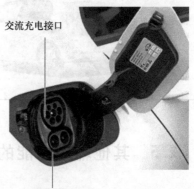

交流充电接口

直流充电接口

图 2-30　大众电动汽车
e-UP 充电接口

表 2-2　大众电动汽车充电方式一览表

充电方法	图示说明	充电时间
充电电缆 （交流充电）		适配普通电源插座，其中 e-UP 约 8～12h，GTE 约 5h
家用充电站 （交流充电）		大众指定供应商的充电设备，设备功率为3600W，接口符合大众汽车通用标准。e-UP 约6h，GTE 约 2.15h
通用型充电站 （交流充电）		由供应商在固定地点设置的充电站，可能接口符合大众汽车通用标准，可能需要使用大众汽车专用充电电缆。e-UP 约 6h，GTE 约 2.15h
高速充电站 （直流充电）		功率可达 50000W，可在约 30min 为 e-UP 充至80%电量，但目前只有配备了高压电池充电装置接口 1 U34 的 e-UP 才能使用该设备

2.5　其他辅助功能的使用

2.5.1　钥匙的使用

图 2-31 所示为特斯拉的遥控钥匙，该钥匙有三个按钮，按钮具体功能如下。

按键 1 为行李箱遥控按钮，按两下可打开行李箱，如果 Model S 配有电动行李箱盖，按两下可关闭行李箱。在电动行李箱盖活动时，还可以按一下该按钮使其停止。

按钮 2 为全部锁定或解锁按钮，按两下可解锁车门和行李箱。危险警告灯闪两次，车门把手弹出，按一下可锁定车门和行李箱（所有车门和行李箱必须关闭）。危险警告灯闪一次，车门把手缩回。

按钮 3 为前机舱按钮，按两下可打开。

在使用钥匙时，不需要将钥匙指向 Model S，但必须在检测范围内（这取决于钥匙电池的强度）。如果 Model S 无

图 2-31　特斯拉遥控钥匙

1—行李箱遥控按钮　2—全部锁定或解锁按钮　3—前机舱按钮

法检测到钥匙，触摸屏就会显示一条消息，表明钥匙不在检测范围内。把钥匙放在 Model S 能有效检测到的位置，类似频率的无线电设备会影响钥匙。如果发生这种情况，须把钥匙拿开，离其他电子设备（手机、笔记本电脑等）至少 30cm。如果钥匙不起作用，可能需要更换电池。

2.5.2　前排乘员气囊开关

当前排乘员位置安装有儿童座椅时，须将前排乘员气囊关闭，将前排乘员气囊开关旋转到 OFF 处。该开关位于转向盘的左侧，如图 2-32 所示。相应地，仪表板上会有前排乘员气囊开关关闭的警告灯亮起。打开和关闭该开关时点火开关须处于关闭状态。

图 2-32　前排乘员气囊开关

2.5.3　倒车雷达开关

倒车雷达开关如图 2-33 所示。当按下此开关时，开关上的黄绿色指示灯点亮，倒车雷达电源接通，显示报警功能开启，位于仪表板上车的车形指示灯点亮；再按一下，开关弹起，指示灯熄灭，倒车雷达电源断开，显示报警功能关闭，车形指示灯熄灭。

图 2-33　倒车雷达开关

2.5.4　挂车拖曳

拖曳挂车之前，须确认挂车的拖曳能力，拖曳能力是水平路面上测定的，如果驾驶到高山区，则电机功率和它的拖曳能力将减低。拖曳挂车不要超过拖钩的最大额定重量，否则将可能引发事故而造成严重的人员伤害。由于可能增加制动距离，在拖曳挂车时，须增加车间距离，车辆与前车之间的距离至少应保持被拖曳车辆和拖车车辆的车身长度之和；避免紧急制动，以防止由于打滑而失去控制。

二 原理构造篇

第3章

电学基础知识

3.1　直流电路与交流电路基础

3.1.1　基本概念

1. 电荷的定义

带正负电的基本粒子称为电荷（图3-1）。带正电的粒子叫正电荷，表示符号为＋，带负电的粒子叫负电荷，表示符号为－。电荷也是某些基本粒子（如电子和质子）的属性，同种电荷相互排斥，异种电荷相互吸引。

电荷的多少叫电荷量，即物质、原子或电子等所带的电的量。电荷的符号是Q，单位是库仑（C），简称库。

电荷守恒定律：电荷既不能创造，也不能消灭，它只能从一个物体转移到另一个物体，或从物体的一部分转移到另一部分，在转移的过程中，系统的电荷总数保持不变。

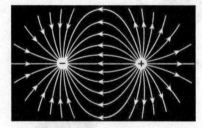

图3-1　电荷

2. 电流的定义

单位时间内通过导体横截面的电荷量，叫电流，用符号I表示，单位是安培（A）。电流的方向：物理上规定电流的方向是正电荷定向移动的方向。部分常见电器的电流值见表3-1。

表3-1　部分常见电器电流值

电器名称	电流值
电子手表	$1.5 \sim 2\mu A$
白炽灯泡	200mA
手机	100mA
空调	$5 \sim 10A$

3. 电压的定义

电压也称作电势差或电位差,是衡量单位电荷在静电场中由于电势不同所产生的能量差的物理量。电压用字母 U 表示,单位是伏特(V),简称伏。电压可分为高电压、低电压和安全电压。高电压为对地电压高于或等于 1000V;低电压为对地电压小于 1000V;安全电压在我国规定为 42V、36V、24V、12V 和 6V。部分常见电压值见表 3-2。

表 3-2　部分常见电压值

项　　目	电　压　值
碱性电池标称电压	1.5V
手机的工作电压	3.7V
对人体安全的电压	≤36V
无轨电车电源的电压	50～600V
家庭电路的电压	220V

4. 电阻的定义

在物理学中,用电阻来表示导体对电流阻碍作用的大小。电阻用字母 R 表示,电阻的单位是欧姆(Ω)。

因为物质对电流产生阻碍作用,所以称其为该作用下的电阻物质。电阻会导致电子流通量的变化,电阻越小,电子流通量越大,反之亦然。没有电阻或电阻很小的物质称其为电导体,简称导体。不能形成电流传输的物质称为电绝缘体,简称绝缘体。半导体的导电特性居于二者之间。电阻元件的电阻值大小一般与温度有关,还与导体长度、直径、材料有关。

5. 电功率的定义

电流在单位时间内做的功叫作电功率,是用来表示消耗电能的快慢的物理量,用 P 表示,它的单位是瓦特(W),简称瓦。电能是指在一定的时间内电路元件或设备吸收或发出的电能量,用符号 W 表示,其国际单位制为焦耳(J)。一个电器功率的大小数值上等于它在 1s 内所消耗的电能。如果在“t”这么长的时间内消耗的电能“W”,那么这个用电器的电功率就是:

$$P = W/t$$

通常指的 1 度(电)是 $1kW \cdot h = 3.6 \times 10^6 J$。

6. 欧姆定律

在同一电路中,导体中的电流跟导体两端的电压成正比,跟导体的电阻阻值成反比。其基本公式是:

$$I = U/R$$

由欧姆定律 $I = U/R$ 的推导式 $R = U/I$ 或 $U = IR$。

但不能说导体的电阻与其两端的电压成正比,与通过其的电流成反比,因为导体的电阻是它本身的一种性质,取决于导体的长度、横截面积、材料和温度、湿度,即使它两端没有电压,没有电流通过,它的阻值也是一个定值。

常见电学参数及单位见表3-3。

表3-3　常见电学参数及单位

参数名称	符　号	单　位	单位简称	单位符号
电荷	Q	库伦	库	C
电流	I	安培	安	A
电压	U	伏特	伏	V
电阻	R	欧姆	欧	Ω
功率	P	瓦特	瓦	W
电能	W	千瓦时	—	kW·h

3.1.2　直流电

直流电简称 DC，又称恒流电。恒定电流是直流电的一种，是大小和方向都不变的直流电。直流电电流大小（电压高低）和正负极都不随时间（相对范围内）而变化。

直流电主要应用于各种电子仪器，终端电器电路如笔记本电脑、DVD、功放、手电筒、LED 照明灯等，电解、电镀、直流电力拖动等方面。

3.1.3　交流电

交流电简称 AC，交流电也称交变电流，一般指大小和方向随时间作周期性变化的电压或电流。它的最基本的形式是正弦电流。

交流电被广泛运用于电力的传输，因为在以往的技术条件下交流输电比直流输电更有效率。交流电升降压容易的特点正好适合实现高压输电。使用结构简单的升压变压器即可将交流电升至几千至几十万伏特，从而使电缆上的电力损失极少。在城市内一般使用降压变压器将电压降至几万至几千伏以保证安全，在进户之前再次降低至市电电压或者适用的电压供用电器使用。

3.2　电磁基础

3.2.1　磁性

磁性指磁体吸引铁、钴、镍的性质；磁性分布特点为两头最强、中间最弱。磁极指磁体上磁性最强的部位，N 极指悬挂时指北的磁极，S 极指悬挂时指南的磁极。磁极间作用规律为同性磁极相互排斥，异性磁极相互吸引。

3.2.2　磁场

磁体间的相互作用是通过磁场产生的。磁场方向（图3-2）：在某点小磁针静止时 N 极指向为该点的磁场方向。磁场的基本性质：对放入磁场的磁体产生磁力的作用。

图 3-2　磁场示意图

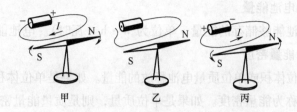

甲　　　　乙　　　　丙

图 3-3　电流产生磁场的示意图

3.2.3　电流的磁场

电流通过导体时在导体（即电流）周围产生一定范围大小的磁场，这种由电流产生的磁场叫电流的磁场。由电流的磁场可知，电流不仅具有热效应，还具有磁效应。在通电的导体旁放置小磁针，小磁针的指向发生偏转，这说明电流周围存在磁场，如图 3-3 所示。实验证明电流的磁场方向和电流的方向有关。

3.2.4　通电螺线管的磁场（电磁铁）

通电螺线管外部磁场的基本原理如图 3-4 所示，和条形磁体的磁场相似。通电螺线管两端的极性跟螺线管中电流的方向有关（右手握住螺线管，四指方向为电流方向，拇指所指那端为通电螺线管 N 极）。影响磁性强弱的因素有电流大小、匝数多少、有无铁心等。

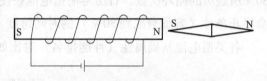

图 3-4　通电螺线管磁场基本原理

通电螺线管与永磁体相比优点有：磁性的有无由电流通断决定；磁性强弱由电流大小决定；N、S 极由电流方向决定。它应用在电磁起重机、电话、磁悬浮列车等领域。

3.3　动力电池基础

3.3.1　动力电池的种类

高压电池（或称动力电池）的性能对新能源汽车的发展起着至关重要的作用。新能源汽车动力电池应具有比能量高、比功率大、自放电少、使用寿命长及安全性好等特性。

目前动力电池主要有铅酸电池、锂离子电池、镍氢电池、镍镉蓄电池、燃料电池、太阳能电池等。

3.3.2　动力电池的性能参数

1. 电池容量

电池能够容纳或释放的电荷，单位为 A·h（安时）。

2. 电池能量

电池能够储存的能量，单位为 W·h（瓦时）。电池能量 = 电压 × 电池容量。

3. 能量密度

单位体积或单位质量电池释放的能量。如果是单位体积，则是体积能量密度（W·h/L），常常简称为能量密度。如果是单位质量，则是质量能量密度（W·h/kg），常常叫比能量。

4. 比功率

比功率也叫功率密度，指单位质量或单位体积电池输出的功率，单位为 W/kg 或 W/L。

5. 电池放电倍率

放电倍率是指在规定时间内放出其额定容量所需的电流值，它在数值上等于电池额定容量的倍数，其单位为 C。

6. 自放电

电池如果一直闲置不使用，也会损耗电量，这种现象称为电池的自放电现象。

7. 寿命

电池的寿命分为循环寿命和日历寿命两个参数。循环寿命指电池可以循环充放电的次数，即在理想的温度、湿度下，以额定的充放电电流进行充放电，计算电池容量衰减到80% 所经历的循环次数。日历寿命指电池在使用环境条件下，经过特定的使用工况，达到寿命终止条件（容量衰减到80%）的时间跨度。

各类型电池基础属性（性能排名）对比如图 3-5 所示。

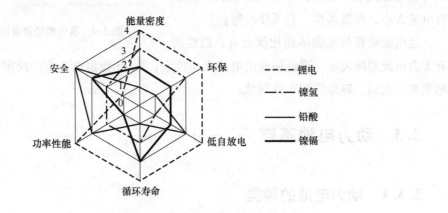

图 3-5　各类型电池基础属性（性能排名）对比

3.3.3　镍氢电池与锂离子电池的基本构造

目前技术最成熟、应用最广泛、商业化最成功的是镍氢电池与锂离子电池，锂离子电池也是目前各国研发的重点。燃料电池则因可以做到完全零排放，而视作远期目标。

1. 锂离子电池

锂离子电池按照电解质形态不同可分为液态锂离子电池和聚合物锂离子电池。聚合物锂离子电池是指正极、负极和电解质中至少有一种是聚合物材质的锂离子电池。液态锂离子电池（图 3-6）包括正极、负极、隔膜及电解液等四大材料。正极材料是锂离子电池中最为关键的原材料，直接决定了电池的安全性能和电池能否大型化，约占锂离子电池单体材料成本的 30% 左右。目前常用的正极材料（表 3-4）主要有钴酸锂、锰酸锂、三元材料和磷酸铁锂四种。

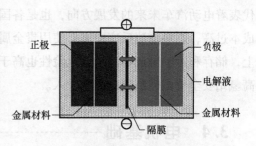

图 3-6　液态锂离子电池的基本构造

表 3-4　常用的正极材料

正极材料	钴酸锂	锰酸锂	三元材料		磷酸铁锂
正常电压/V	4.0	4.05	3.8	3.85	3.34
储存电容/(mA·h/g)	145	100	160	120	150
比能量/(W·h/kg)	602	480	742	588	549
体积能量密度/(W·h/L)	3073	2065	3784	2912	1976
循环寿命/次	>500	>500	>1000	>1000	>1000
成本	高	低	高	高	中
安全性	低	好	好	优	优

锂离子电池的优点为重量轻、比能量较高、使用寿命长、高低温适应性强、自放电很低；缺点为使用条件有限制、安全性差、价格昂贵。

2. 镍氢电池

镍氢电池的材料构成主要由电极材料（正极活性物质为氢氧化镍，负极活性物质为金属氧化物，也称贮氢合金）、电解液、金属材料及隔膜组成，基本构造与液态锂离子电池类似。贮氢合金是影响电池容量和充放电性能的关键材料，也是发展镍氢动力电池的主要技术瓶颈。

镍氢电池的优点为高倍率放电性好、耐充放电能力较强、寿命长、高低温性能好、安全性好；缺点为自放电高、比能量较小。

3.3.4　燃料电池

燃料电池（图 3-7）是一种把燃料所具有的化学能直接转换成电能的化学装置，通过氧与氢或其他燃料结合成水和二氧化碳的简单电化学反应而发电，基本构造如图 1-26 所示。燃料电池能量密度极高，接近于汽油和柴油的能量密度，几乎是零污染，号称"终极电池"，

图 3-7　燃料电池

代表着电动汽车未来的发展方向，也是各国重点研发的领域之一。燃料电池发展主要制约是成本过高，燃料电池反应中需要使用贵金属铂作为催化剂，使得成本高居不下；在后续使用上，储存和运输氢成本高昂，危险性也高于其他材料；加氢站等配套设施不够完善，如何提高氢站安全性也需高额的前期投入。

3.4 电机基础

3.4.1 电机的工作原理和结构

通电导体在磁场中有力的作用，作用力方向与磁场方向和电流方向有关。电机就是基于此原理设计而成的，直流电机工作原理如图 3-8 所示。

电机一般由转子、定子、电刷、换向器及相关机械部件组成。当直流电通过电刷向电枢绕组供电时，电枢（转子）在磁场中受力转动，输入的直流电能就转换成转子轴上输出的机械能（此处仅指常见电机的基本结构，不包括控制、冷却系统和不同品牌车型电机的特殊结构。）。

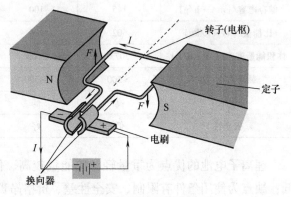

图 3-8　直流电机工作原理

3.4.2 车用电机分类

电机可分为电磁型电机和非电磁型电机，其中电磁型电机大致上可分为直流电机、交流直流两用电机、交流电机以及其他电机。

驱动电机是所有电动汽车必不可少的关键部件。目前车载电机使用较多的有永磁同步电机、永磁直流无刷电机、交流感应电机和开关磁阻电机四种电机。车用电机外形如图 3-9 所示。

1. 永磁同步电机

永磁同步电机是利用永磁体建立励磁磁场（利用电磁感应原理工作的励磁磁场为发电机、电机等提供工作磁场）的小功率同步电机。它的定子产生旋转磁场，转子用永磁材料制成。永磁电机具有很高的功率密度和效率，并且散热较好。因此，永磁同步电机系统在电动汽车领域已经得到了大量应用。

永磁同步电机的结构与直流电机相似，具备无刷直流电机结构简单、运行可靠、功率密度大、调速性能好等特点，在结构上可实现电机与变速器的一体化。与此同时，由于永磁同步电机采用的驱动方式不同于直流电机，在噪声以及控制精度环节，永磁同步电机更胜一筹。高成本是制约永磁同步电机系统的一个重要因素，图 3-10 所示是大众汽车永磁同步电机。

图 3-9　车用电机外形

图 3-10　大众汽车永磁同步电机

2. 永磁直流无刷电机

根据电动汽车对电机的技术要求，直流电机能够满足电动汽车运行的基本需求，另外永磁直流无刷电机（图 3-11）也不需要用户在用车期间去考虑它的维护问题，基于这样的特性，永磁直流无刷电机成为入门级电动汽车的首选。直流电机的转速范围不算宽泛，而且最高转速仅为 6000r/min 左右，这样的转速属性很难满足电动汽车的工况需求。直流电机系统的重量大、效率低，阻碍了其在电动汽车中的进一步应用。随着电力电子技术的发展和新材料的应用，直流电机驱动系统基本上已经被其他驱动电机系统所取代。

3. 交流感应电机

交流感应电机（图 3-12）具有简单、可靠、低价格、易维护、高可靠性、转矩脉动小和噪声低等优点，被较早地应用于电动汽车驱动系统中。但是，相较于永磁同步电机，交流感应电机的功率密度低和效率低等缺点，制约了其在部分电动汽车驱动领域的应用。

图 3-11　永磁直流无刷电机

图 3-12　交流感应电机

4. 开关磁阻电机

开关磁阻电机是一种单边励磁的双凸极电机，具有结构简单、坚固、成本低、起动转矩大和低速性能好等优点。开关磁阻电机的调速系统可控参数多，其经济指标比其他主流电机都要好，功率密度也更高，重量更轻且功率大，当电流达到额定电流的 15% 时即可实现 100% 的起动转矩。另外，更小的体积也使得电动汽车的整车设计更为灵活，可以将更大的空间贡献给乘客舱。

开关磁阻电机的结构简单，但控制系统的设计相对复杂，在研发阶段，现有技术很难为其建立准确的数学模型。在实际运转过程中，电机本身发出的噪声以及振动是电动汽车无法"容忍"的，尤其是负载运行的工况下，因此开关磁阻电机在电动汽车领域的应用并不普遍。

3.5　能量管理系统基础

3.5.1　车用动力电池常见的能量来源

车用动力电池常见的能量来源如图3-13所示。

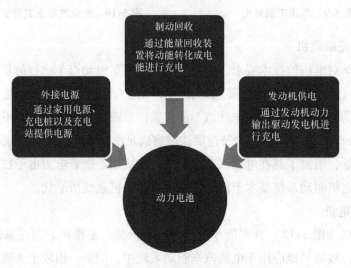

图3-13　车用动力电池常见的能量来源

3.5.2　外接电源充电插头

动力电池可通过交流电（AC）或直流电（DC）进行充电。所用充电插头是标准化部件，表3-5概括了最常见的插头形式。

表3-5　常见的插头形式

插口类型	美　国	欧　洲	日　本	中　国
交流电充电插口				
直流电充电插口				

3.5.3　外接电源选择

外接电源指以电缆为传输介质，通过电缆和耦合器（插头插座）连接，进行直接的接触式电能传输。目前外接电源主要有：

1）单相交流电：220V/16（32）A。

2）三相交流电：380V/32（63）A。

3）直流电：0～700V/最大电流250A。

交流充电：由交流充电桩提供 220V 或 380V 交流电能，车载充电机完成交直流电变换，充电功率一般不大于 5kW，充电时间通常为 5～8h。充电便利性一般。

直流充电：由非车载充电机完成交直流电变换，充电功率较大，从几十千瓦到上百千瓦，充电时间仅 10min。但较大的电流对电池有所冲击，现阶段仅可作为电动汽车充电的应急选择。

3.5.4　制动能量回收与发动机供电

制动能量回收（图 3-14）与发动机供电都是将机械能通过发电机转化为电能的过程。

图 3-14　制动能量回收系统

3.6　高压部件基础

3.6.1　高压部件的基本组成

纯电动汽车的高压部件如图 3-15 所示，混合动力汽车的高压部件如图 3-16 所示。

图 3-15　纯电动汽车的高压部件
1—车载电源模块　2—驱动控制器总成
3—驱动电机总成

图 3-16　混合动力汽车的高压部件
1—车载电源模块　2—高压电缆　3—驱动控制器总成
4—驱动电机总成　5—发动机总成（非高压部件）

3.6.2 电力电子控制装置

电动汽车的电力电子控制装置（图3-17）也称为逆变器或变换器。它的作用就是将发电机的三相交流电压转换可为动力电池充电的直流电压。在此过程中，三相交流电压将首先经过整流，然后再整平，以实现近乎恒定的直流电压。在相反的情况下，当使用电机驱动时，会将动力电池的直流电压转换为三相交流电压。

图3-17　电力电子控制装置实物

3.6.3 充电器

与高压设备一并被安装在车上的充电器也称为 AC/DC 变换器。它将公共电网中的交流电通过充电接口转换为直流电，这是因为动力电池只能储存直流电。高压充电接口如图 3-18 所示。

3.6.4 高压电缆

高压电缆（图3-19）是车内所有高压部件之间电力传输的载体。高压电缆都是橙色的，非常牢固，不易损坏，再用同样是橙色的织物外套包裹得到进一步强化。高压电网的电气插头连接是多芯的，有颜色标志。高压电网之外的用电器（例如照明装置、转向系统、制动助力真空泵、点烟器）都由传统12V车载电网供电。

高压充电接口

高压电缆

图3-18　高压充电接口　　　　　　图3-19　高压电缆

第4章

新能源汽车基本构造与原理

4.1 电源系统

4.1.1 锂离子电池和镍氢电池

目前新能源汽车采用的动力电池主要有锂离子电池和镍氢电池两大类。

1. 锂离子电池

（1）锂离子电池的基本分类

目前锂离子电池类型有锰酸锂、磷酸铁锂、钛酸锂、钴酸锂、三元材料等，因能量性能和稀有金属成本的原因，锰酸锂、钛酸锂和钴酸锂电池逐渐变为小众选择，而磷酸铁锂和三元锂电池则得到更广泛的应用。

1）三元锂电池。三元锂电池（图4-1）全称是"三元材料锂离子电池"，一般是指采用镍钴锰酸锂或镍钴铝酸锂三元正极材料的锂离子电池，把镍盐、钴盐、锰盐作为三种不同的成分比例进行不同的调整，所以称之为"三元"。三元锂电池包含了许多不同比例类型

图4-1 特斯拉采用的三元锂电池

的电池，从形状上来分，可分为软包电池、圆柱电池和方形硬壳电池，其标称电压可达到3.6~3.8V，能量密度较高，电压平台高，振实密度高，续驶里程长，输出功率较大，高温稳定性差，但低温性能优异，造价也较高。

2）磷酸铁锂电池。磷酸铁锂电池（图4-2）则是采用磷酸铁锂作为正极材料。用铁来做电池原料一是成本低廉，二是不含重金属，对环境污染较小，工作电压为3.2V。磷酸铁锂晶体中的P-O键稳固，因此在零电压存放时并不会有泄漏，高温条件下或过充时安全性非常高，

图4-2 比亚迪的磷酸铁锂电池

可快速充电，高放电功率，无记忆效应，循环寿命高；缺点为低温性能差，正极材料振实密度小，能量密度较低，产品的成品率和一致性也饱受质疑。

（2）锂离子电池的性能特点

高温条件下，三元锂电池的三元材料会在200℃时发生分解，产生剧烈的化学反应，释放出氧原子，并在高温作用下极易发生燃烧或爆炸现象，因此基于安全考虑，我国工业信息化部在2016年1月，通过特殊发文规定将三元锂电池的使用暂时限制在纯电动客车之外。而磷酸锂电池的分解温度在800℃，更不容易着火，安全性相对较高。

低温条件下（气温低于－10℃以下），磷酸铁锂电池衰减得非常快，经过不到100次充放电循环，电池容量将下降到初始容量的20%，而三元锂电池的低温性能优异，在－30℃条件下可保持正常电池容量，更适应低温地区的使用条件。

从制造成本上看，三元锂电池所必需的钴元素在我国储量较少，大部分靠海外进口，受到国际市场波动影响非常大，所以三元锂电池的成本必然居高不下，而磷酸铁锂电池所需原材料无须进口，供应充足，价格稳定，成本相对较低。

在实验条件下，磷酸铁锂电池循环5000次后，剩余容量为84%，1C循环5000次后仍能保持80%以上的初始容量；三元锂电池循环3900次后，剩余容量只剩下66%，1C循环2500次后就下降到初始容量的80%。相比起来磷酸铁锂电池的循环寿命要远远大于三元锂电池。此外，磷酸铁锂电池能量密度为120W·h/kg，已经基本达到理论极致，而三元锂电池的能量密度为180W·h/kg，今后还有很大的提升空间。

日本松下、韩国LG化学、三星SDI等多采用三元锂电池，特斯拉就采用了松下的镍钴铝酸锂三元锂电池，就是所谓的NCA。国内的新能源汽车企业多采用磷酸铁锂电池。

三元锂电池在漏液、变形、燃烧和爆炸上的风险不容忽视，目前新能源汽车企业都在电池管理系统中增加诸如过充保护（OVP）、过放保护（UVP）、过温保护（OTP）、过流保护（OCP）等功能，也采用了高强度的铝合金保护结构，正极材料中加入硅钛纳米管、无溶剂PI黏合剂、固态电解质等技术路线上取得不俗成就，大大降低了风险和成本。

比亚迪在磷酸铁锂电池中加入锰元素，探索磷酸铁锰锂电池，突破了原有的能量密度限制，成本控制也非常优秀，但是充电时间面临新的挑战。

2. 镍氢电池

镍氢电池（图4-3）目前主要应用在混合动力汽车上，与其他类型的电池比较，镍氢电池的具体优势如下。

（1）镍氢电池安全可靠

1）镍氢电池电解液为不可燃的水溶液，镍氢电池比热容、电解液蒸发热相对较高，而能量密度相对较低，即使发生短路、刺穿等极端异常情况，电池温升小，不会燃烧。

图4-3　福田混合动力汽车的镍氢电池组

2）镍氢电池的产品质量控制难度比较低，因制造过程导致缺陷的可能性较低。

（2）镍氢电池具有良好的快速充电性能

（3）镍氢电池具有良好的低温性能

1）低温放电。镍氢电池采用碱性电解质溶液，最低可 −40℃ 放电，−20℃ 下可 2C ~ 3C 放电。锂离子电池采用有机电解质溶液，低温下电阻迅速增大，0℃ 以下性能有衰减，不能满足 −10℃ 下正常使用要求。

2）低温充电。低温快充型镍氢电池最低可 −40℃ 充电，−30℃ 以上可 1C 快速充电，−20℃ 以上可 3C 或 2C 快速充电。锂离子电池 −5℃ 以下不能充电，否则易导致安全性风险。

（4）镍氢电池具有良好的环保性和可回收性

镍氢电池不含剧毒物质，主要成分为镍、稀土，回收价值高（有残余价值），回收难度小，基本可全部回收再利用，可持续发展。

4.1.2　电池管理系统及工作模式

由于动力电池能量和端电压的限制，纯电动汽车需要采用多块电池进行串、并联组合。由于动力电池特性的非线性和时变性，以及复杂的使用条件和苛刻的使用环境，在纯电动汽车使用过程中，要使动力电池工作在合理的电压、电流、温度范围内，纯电动汽车上动力电池的使用都需要进行有效管理，对于镍氢电池和锂离子电池，有效的管理尤其重要，如果管理不善，不仅可能会显著缩短动力电池的使用寿命，还可能引起着火等严重安全事故，因此，动力电池管理系统（Battery Management System，BMS）成为电动汽车的必备装置。

动力电池管理系统与电动汽车的动力电池紧密结合在一起，对动力电池的电压、电流、温度进行时刻检测，同时还进行漏电检测、热管理、电池均衡管理、报警提醒，计算剩余电量（SOC）和性能状态（SOH），在线实时估计技术具有较大的难度，是其核心技术。

1. 动力电池管理系统的组成及工作模式

（1）动力电池管理系统的组成

动力电池管理系统的组成如图 4-4 所示，包括以下核心部件。

1）动力电池组，即图中的电池包，一般电池包都与散热系统集成设计。

2）动力电池管理系统控制单元（MCU）。

3）动力电池信号采集模块（BMU），用来监控采集动力电池的电流、电压、电量、温度、高压系统安全性等信号。

4）整车通信模块。

5）电池控制模块，通过该模块控制动力电池的充放电电流、动力电池的安全系统、热管理系统等。

6）存储模块，用来存储动力电池所有工况的控制数据。

7）传感器与执行器，图 4-4 中未标出，这些部件一般不单独设计，基本都集成在动力

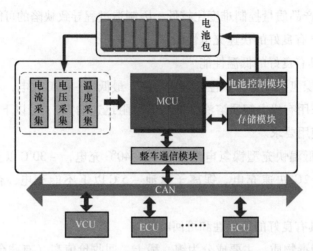

图 4-4 动力电池管理系统的组成

电池组、信号采集模块或控制模块中，如接触器、预充接触器等均属于集成在动力电池中的高压继电器。

均衡功能包括电池单体电压及温度均衡两个方面，附带有监测并响应碰撞及电池渗漏的功能，当监测到影响安全的信号时，管理系统则立即切断高压电供给。BMU 主要用于采集电池单体的电压及温度信息，通过相应接口传至高压接触器控制及电流均衡模块，经过控制策略算法，实现各接触器的动作，从而使动力电池管理系统进入不同的工作模式。一般动力电池管理系统可工作于断电模式、准备模式、放电模式、充电模式和故障模式五种工作模式下。

（2）动力电池管理系统的工作模式

1）断电模式。断电模式是整个系统的低压与高压处于不工作状态的模式，厂家常将此模式称为断电模式。在断电模式下，动力电池管理系统控制的所有高压接触器均处于断开状态，低压控制电源处于不供电状态。断电模式属于省电模式。

2）准备模式。在准备模式下，系统所有的接触器均处于未吸合状态。在该模式下，系统可随时接受外界的点火开关、整车控制器、电机控制器、充电插头开关等部件发出的硬线信号或受控制器局域网络（Controller Area Network，CAN）报文控制的低压信号来驱动控制各高压接触器，从而使动力电池管理系统进入所需工作模式。

3）放电模式。动力电池管理系统监测到点火开关的高压上电信号（Key-ST 信号）后，系统首先闭合负极接触器，由于电机是感性负载，为防止过大的电流冲击，负极接触器闭合后即闭合预充接触器进入预充电状态。当预充电容两端电压达到母线电压的 90% 时，立即闭合正极接触器并断开预充接触器进入放电模式。目前汽车常用低压电源由 12V 的铅酸电池提供，不仅可为低压控制系统供电，还需为助力转向电机、刮水器电机、安全气囊及后视镜调节电机等提供电源。为保证低压蓄电池能持续为整车控制系统供电，低压蓄电池需有充电电源，DC/DC 变换器接触器的开启即可满足这一需求，因此，当动力电池系统处于放电状态时，正极接触器闭合后即闭合 DC/DC 变换器接触器，以保证低压电源持续供电。

4）充电模式。动力电池管理系统检测到充电唤醒信号（Charge Wake Up）时，系统即进入充电模式。在该模式下，负极接触器与 DC/AC 变换器接触器闭合，同时为保证低压控制电源持续供电，DC/DC 变换器接触器仍需处于工作状态。在充电模式下，系统不响应点火开关发出的任何指令，充电插头提供的充电唤醒信号可作为充电模式的判定依据。对于磷酸铁锂电池，由于其低温下不具备很好的充电特性，甚至还伴随有一定的危险性，因此基于安全考虑，还应在系统进入充电模式之前对系统进行一次温度判别。当电池温度低于 0℃ 时，系统进入充电预热模式，此时可通过接通 DC/DC 变换器接触器对低压蓄电池进行供电，并为预热装置供电以对电池组进行预热；当电池组内的温度高于 0℃ 时，系统可进入充电模式，即闭合负极接触器。无论在充电状态还是在放电状态，电池的电压不均衡与温度不均衡将极大地妨碍动力电池性能的发挥。在充电状态下，电池极易出现电压、温度不均衡的状态，充电过程中可通过电压比较及控制电路使得电压较低的单体电池充电电流增大，而让电压较高的电池单体充电电流减小，进而实现电压均衡的目的。温度的不均匀性会大大降低动力电池组的使用寿命，因此，当电池单体温度传感器监测出各单体电池温度不均衡时，可选择强制风冷的方式实现电池组内气流的循环流动，以达到温度均衡的目标。

5）故障模式。故障模式是控制系统中常出现的一种状态。由于车用动力电池的使用关系到用户的人身安全，因而系统对于各种相应模式总是采取安全第一的原则。动力电池管理系统对于故障的响应还需根据故障等级而定，当其故障级别较低时，系统可采取报错或者发出报警信号的方式告知驾驶人，而当故障级别较高，甚至伴随有危险时，系统将采取断开高压接触器的控制策略。低压电池是整车控制系统的供电来源，无论是处于充电模式、放电模式还是故障模式，DC/DC 变换器接触器的闭合都可使低压电池处于充电模式，从而保证低压控制系统工作正常。

2. 动力电池组的均衡充电管理和热管理

（1）动力电池组的均衡充电管理

由于电动汽车动力电池组中众多动力电池单体之间存在制造工艺、材质、使用环境、布线方式等差异，单个电池之间存在容量、端电压和内阻的不一致在所难免，使用充电机直接为电池组进行预充电，必然导致单个电池之间不一致性的加剧，出现个别电池的过电压充电。同样，单个电池间不一致性的存在也会导致电池组放电过程中的个别电池的过放电。动力电池单体在车上的布置分散、使用环境不同，导致电池组单体间不一致性的积累和恶化，严重影响动力电池组的使用寿命，对电池组的均衡充电以及有效的热管理是 BMS 的主要功能。

（2）动力电池组的热管理

由于动力电池的充放电特性在很大程度上取决于电池电解液的温度，所以 BMS 的一个重要作用是在动力电池的充放电过程中将电池组的温度保持在正常的工作温度范围内。动力电池的充放电是典型的电化学过程，其伴生的反应很容易引起动力电池组内部的温度升高及一定的温差，如果不及时散热，对动力电池的安全性、可靠性及动力电池寿命都有很大的影响。因此在热管理方面主要面临的问题有：充放电时产生的反应热如何散出；电池组模块内部单体之间的温度如何均衡；寒冷环境下，如何将电池预热到设定的温度范围。影响动力电池热管理的因素主要包括产热率、电池形状、冷媒类型、冷媒流速、流道厚度等。目前车载动力电池主要考虑外部散热结构，很少将动力电池内部传热与外部散热过程结合分析，因此无法从根本上控制电池散热所带来的负面影响。从控制的角度看，目前的动力电池组热管理系统可以分为主动式、被动式两类；从传热介质的角度看，热管理系统主要包括气体冷却法、液体冷却法、相变材料冷却法、热管冷却法及一些带加热的热管理系统。

1）气体冷却法。气体冷却法（图4-5）采用空气作为传热介质，直接把空气引入动力电池，使其流过动力电池以达到散热目的，一般须有冷却风扇、进出口风道等。气体冷却法主要包括自然对流冷却法和强迫空气对流冷却法。根据进风来源的不同，一般有外界空气通风被动式冷却、乘客舱空气通风被动式冷却/加热、外界或乘客舱空气主动式冷却/加热。被动式系统结构相对简单，直接利用现有环境，比如，冬季电池需要加热，可以利用乘客舱的热环境将空气吸入；若行驶中电池温度过高，乘客舱空气的冷却效果不佳，则可将外界冷空气吸入降温。而主动式系统则需建立单独系统，提供加热或冷却功能，一般通过安装局部散热器或风扇的方法来强制散热，有的还利用辅助的或汽车自带蒸发器来提供冷风，根据电池状态独立控制，这也增加了整车能源消耗和成本。不同系统的选择主要取决于电池的使用要求。

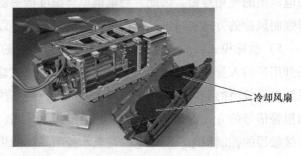

冷却风扇

图4-5 带有外界空气主动式冷却系统的高压电池

2）液体冷却法。液体冷却法以液体为介质进行传热，需在动力电池组与液体介质之间建立传热通道，比如水套，以对流和导热两种形式进行间接式加热或冷却，传热介质可以采用水、乙二烯，甚至制冷剂，也有把动力电池组沉浸在电介质的液体中直接传热，但必须采用绝缘措施以免发生短路。液体冷却主要有被动式液体冷却系统和主动式液体冷却系统。被动式液体冷却一般是通过环境空气换热后再将液体引入动力电池进行二次换热，而主动式则是通过发动机冷却液液体介质换热器进行散热（图4-6）。

3）相变材料冷却法。近年来在国外和国内出现了采用相变材料（PCM）冷却的动力电池热管理系统，针对动力电池在充电时吸热、放电时放热的特点，在全封闭的动力电池单体之间填充相变材料，靠相变材料的融化或凝固来工作。当动力电池进行大电流放电时，PCM吸收动力电池放出的热量，自身发生相变（融化），而使动力电池温度迅速降低，此过程是系统把热量以相变热的形式储存在PCM中；在动力电池进行充电时，特别是在比较冷的天气环境下（亦即大气温度远低于相变温度），PCM放热凝固使电池迅速升温。相变材料用于

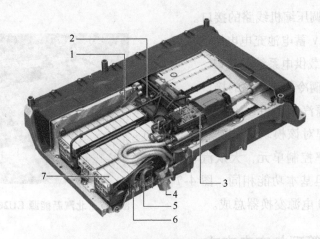

图 4-6　带有主动式液体冷却系统的高压电池

1—绝缘材料　2—冷却系统　3—铝合金托盘　4—电子控制器　5—冷却液进口　6—冷却液出口　7—电池组

动力电池热管理系统中，不需要在动力电池连接处插入额外的冷却元件，也不需要动力电池组间的冷却通道或封装外部流体循环的冷却系统，更不需要耗费动力电池额外能量，同时对于寒冷环境下给动力电池进行加热也有借鉴作用。

4.1.3　电源变换器

新能源汽车一般都采用 12V 低压电网和高压电网（超过 200V）并行的方式进行工作，这样车上就出现了 12V 低压蓄电池和超过 200V 的高压电池两个电源，同时这类车辆上也不再有传统的 12V 车载发电机，在车辆运行中所有车载用电器及两个电池的充电就都由电机的逆向工作（发电机模式）实现。基于这个因素，能够有效进行电压转换的电源变换器也就随之出现了。

（1）电源变换器的作用

1）将发电机输出的三相交流电（超过 200V）转换成直流电（超过 200V）为动力电池充电。

2）将发电机输出的三相交流电（超过 200V）转换成直流电（降压为 12V）为 12V 蓄电池充电。

3）将高压电池的直流电（超过 200V）转换为三相交流电（超过 200V）驱动电机为车辆提供动力。

4）将发电机输出的三相交流电（超过 200V）转换成直流电（降压为 12V）为车辆 12V 车载电网的用电器供电（如灯光等）。

5）将动力电池的直流电（超过 200V）输送至其他高压驱动部件（如空调压缩机等）。

（2）电源变换器的接口

1）用于连至动力电池线路的接口。

2）用于连至驱动电机线路的接口。

3）用于连至空调压缩机线路的接口。

4）用于连至 12V 蓄电池充电电缆的接口。

5）用于 12V 车载供电系统的接口。

6）用于连至车辆冷却液回路的接口。

绝大多数新能源汽车都将以上功能集成在一个模块中，不同品牌对该模块的称呼也不同，如丰田汽车称之为功率控制单元，大众汽车称之为电力电子装置等，但基本功能相同。图 4-7 所示为北汽新能源 EU260 电源变换器总成。

图 4-7　北汽新能源 EU260 电源变换器总成

4.1.4　充电管理与充电方式

新能源汽车如果支持外接式充电（即插电式），绝大多数都可使用两种方式充电，即交流充电和直流充电。充电时总为动力电池加载直流电，动力电池充电期间也同时为 12V 蓄电池充电。如果使用交流电为动力电池充电，车辆控制系统会使用集成在车内的变压器（该装置一般都集成在功率控制单元中），充电器将充入的交流电转换为直流电。如果使用直流电为动力电池充电，车辆控制系统会使用集成在动力电池内的充电装置接口直接充电。在充电装置中产生直流电。目前市场上的新能源车型有些提供两个充电接口（图 4-8），有些则只提供单个充电接口（图 4-9）。

图 4-8　特斯拉的新国标充电接口（左侧接口为直流）　　图 4-9　宝马 i3 只提供交流充电接口

4.2　驱动系统

4.2.1　纯电动汽车驱动系统的组成

纯电动汽车驱动系统主要由中央控制单元、驱动控制器、驱动电机、机械传动装置等组成，其中中央控制单元、驱动控制器、驱动电机在第一章中已有介绍，下面仅就机械传动装置做简单介绍。

纯电动汽车机械传动装置的作用是将驱动电机的驱动转矩传输给汽车的驱动轴，带动汽车车轮行驶。由于驱动电机本身具有较好的调速特性，其变速机构可被大大简化，较多的是为放大驱动电机的输出转矩仅采用一种固定的减速装置；又因为驱动电机可带负载直接起动，也省去了传统内燃机汽车的离合器。由于驱动电机可以容易地实现正反向旋转，所以也无须通过变速器中的倒档齿轮组来实现倒车。在车架上对驱动电机进行合理布局，即可省去传动轴、万向节等传动部件。当采用轮毂电机分散驱动方式时，又可以省去传统汽车的驱动桥、机械差速器、半轴等一切传动部件。

4.2.2 纯电动汽车驱动系统的布置

由于纯电动汽车是单纯用电池作为驱动能源的汽车，采用合理的驱动系统布置形式来充分发挥电机驱动的优势尤其重要。纯电动汽车驱动系统布置的原则是符合车辆动力学对汽车重心位置的要求，尽可能降低车辆重心高度。特别是对于采用轮毂电机驱动实现"零传动"方式的纯电动汽车，不仅去掉了发动机、冷却系统、排气消声系统和油箱等相应的辅助装置，还省去了变速器、驱动桥及所有传动链，既减轻了汽车自重，也留出了许多空间，其结构可以说发生了脱胎换骨的变化。车辆的整个结构布局需重新设计并全面考虑各种因素。如图 4-10 ~ 图 4-13 所示，纯电动汽车的驱动系统布置形式目前主要有四种基本典型结构，即传统驱动方式、电机-驱动桥整体式驱动方式、电机-驱动桥组合式驱动方式、轮毂电机分散驱动方式。

1. 传统驱动方式

如图 4-10 所示，该驱动系统仍然采用内燃机汽车的驱动系统布置方式，包括离合器、变速器、传动轴和驱动桥等总成，只是将内燃机换成电机，属于改造型电动汽车。这种布置方式可以提高纯电动汽车的起动转矩，增加低速时纯电动汽车的后备功率。该布置形式有电机前置-驱动桥前置（F-F）、电机前置-驱动桥后置（F-R）等驱动模式。但是这种驱动系统布置形式结构复杂、效率低，不能充分发挥驱动电机的性能。在此基础上，还有一种简化的传统驱动系统布置形式，它采用固定速比减速器，去掉离合器，这种驱动系统布置形式可减少机械传动装置的质量，缩小其体积。

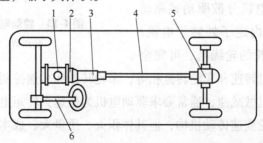

图 4-10 传统驱动方式

1—驱动电机 2—离合器 3—变速器 4—传动轴 5—驱动桥 6—转向器

2. 电机-驱动桥整体式驱动方式

如图 4-11 所示，这种驱动系统布置形式与发动机横置-前轮驱动的内燃机汽车的布置方式类似，把电机、固定速比减速器和差速器集成为一个整体，两根半轴连接驱动车轮。电机-驱动桥整体式驱动系统布置形式有同轴式和双联式两种。

3. 电机-驱动桥组合式驱动方式

如图 4-12 所示，这种驱动系统布置形式即在驱动电机端盖的输出轴处加装减速齿轮和差速器等，电机、固定速比减速器、差速器的轴互相平行，一起组合成一个驱动整体。它通过固定速比的减速器来放大驱动电机的输出转矩，但没有可选的变速档位，也就省掉了离合器。这种布置形式的机械传动机构紧凑，传动效率较高，便于安装。但这种布置形式对驱动电机的调速要求较高。按传统汽车的驱动模式来说，可以有驱动电机前置-驱动桥前置或驱动电机后置-驱动桥后置两种方式。这种驱动系统布置形式具有良好的通用性和互换性，便于在现有的汽车底盘上安装，使用、维修也较方便。

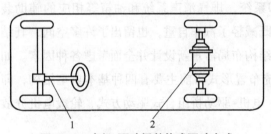

图 4-11　电机-驱动桥整体式驱动方式
1—转向器　2—电机-驱动桥整体式结构

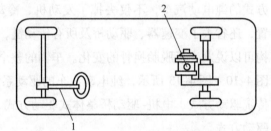

图 4-12　电机-驱动桥组合式驱动方式
1—转向器　2—电机-驱动桥组合式结构

4. 轮毂电机分散驱动式驱动系统布置形式

轮毂电机分散驱动系统布置形式是将轮毂电机直接装在汽车车轮里的布置方式，如图 4-13 所示，有内定子外转子和内转子外定子两种结构。

（1）内定子外转子式

内定子外转子轮毂电机分散驱动式驱动系统布置形式采用低速内定子外转子电机，其外转子直接安装在车轮的轮缘上，可完全

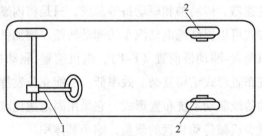

图 4-13　轮毂电机分散驱动方式
1—转向器　2—轮毂电机

去掉变速装置，驱动电机转速和车轮转速相等，车轮转速和车速控制完全取决于驱动电机的转速控制。由于不通过机械减速，通常要求驱动电机为低速大转矩电机。低速内定子外转子电机结构简单，无须齿轮变速传动机构，但其体积大、质量大、成本高。

（2）内转子外定子式

内转子外定子轮毂电机分散驱动式驱动系统布置形式采用一般的高速内转子外定子电机，其转子作为输出轴与固定减速比的行星齿轮变速器的太阳轮相连，而车轮轮毂通常与其

齿圈连接，它能提供较大的减速比，来放大其输出转矩。驱动电机装在车轮内，形成轮毂电机，可进一步缩短从驱动电机到驱动轮的传递路径；采用高速内转子电机（转速约10000r/min），需装固定速比减速器来降低车速，一般采用高减速比行星齿轮减速装置，安装在电机输出轴和车轮轮毂之间，且输入和输出轴可布置在同一条轴线上。高速内转子电机具有体积小、质量轻和成本低的优点，但它需要加行星齿轮变速机构。

4.2.3 各类电机的优缺点和主要参数

目前新能源汽车大多采用永磁直流无刷电机、交流感应电机、永磁同步电机、开关磁阻电机中的一种，其中开关磁阻电机仍未得到大面积的应用。各类电机优缺点见表4-1所示，电机的主要性能参数见表4-2。

表4-1 各类电机的优缺点

电机类型	永磁直流无刷电机	交流感应电机	永磁同步电机	开关磁阻电机
优点	控制简单，只需电压控制，无须检测位置，小容量，造价低	结构简单，造价低廉，可高速运行，调速范围大，转动惯性小，维护简单，技术成熟	体积小，重量轻，功率输出密度大，低速输出转矩大，效率高，维护简单	结构简单，机身更坚固，效率高，起动转矩大，价格低且免维护
缺点	结构复杂，不适合高速大转矩运行，效率低，环境适应差，制动困难	控制复杂，容量小，效率较低，制动困难	高速运行控制复杂，需要检测转子位置，部件较多，故造价较高	目前技术仍有瓶颈，导致不能大面积普及

表4-2 电机的主要参数

性能	永磁直流无刷电机	交流感应电机	永磁同步电机	开关磁阻电机
功率密度	低	中	高	较高
峰值效率（%）	85~89	90~95	95~97	<90
负荷效率（%）	80~87	90~92	85~97	78~86
转速范围/(r/min)	4000~8000	12000~15000	4000~10000	>15000
可靠性	一般	好	优秀	好
结构的坚固性	差	好	一般	优秀
电机的外形尺寸	大	中	小	小
电机的质量	重	中	轻	轻
电机成本	一般	一般	高	一般
控制操作性能	最好	好	好	好
控制器成本	低	高	高	一般

4.2.4 电机主要类型与工作原理

1. 永磁直流无刷电机

永磁直流无刷电机主要由电机本体（图 4-14）、电子换向器和转子位置传感器三部分组成。电机本体由定子和永磁转子两部分组成。电子换向器是由功率开关和位置信号处理电路构成，主要用来控制定子各绕组通电的顺序和时间。位置传感器在电机中起着检测转子磁极位置的作用，为功率开关电路提供正确的换向信息，即将转子磁极的位置信号转换成电信号，经位置信号处理电路处理后控制定子绕组换向。永磁直流无刷电机控制电路如图 4-15 所示。

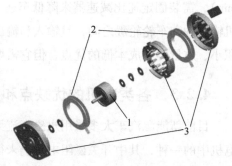

图 4-14　永磁直流无刷电机本体基本构造
1—永磁转子　2—定子线圈　3—外壳

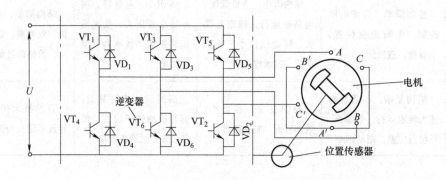

图 4-15　永磁直流无刷电机控制电路

永磁直流无刷电机的工作原理与有刷直流电机的工作原理基本相同。它是利用电机转子位置传感器输出信号控制电子换向线路驱动逆变器的功率开关器件，使电枢绕组依次馈电，从而在定子上产生跳跃式的旋转磁场，拖动电机转子旋转。同时，随着电机转子的转动，转子位置传感器又不断送出位置信号，不断地改变电枢绕组的通电状态，使得在某一磁极下导体中的电流方向保持不变，从而控制电机持续运转。

2. 交流感应电机

交流感应电机又称为三相异步电机，实物如图 4-16 所示，三相异步交流电机的基本结构如图 4-17 所示。当三相异步电机接入三相交流电时，三相定子绕组通入电流会产生三相磁动势（定子旋转磁动势）并产生旋转磁场。该旋转磁场切割转子绕组，从而在转子绕组中产生感应电流（转子绕组为闭合通路）。根据电磁力定律，载流的转子导体在定子旋转磁场作用下产生电磁力，从而在电机转轴上形成电磁转矩，驱动电机旋转，当电机轴上带机械负载时，便向外输出机械能。由于三相异步电机的转子与定子旋转磁场以相同的方向不同的转速旋转，存在转速差，因此叫作异步电机，又称为感应电机。汽车中的交流异步电机的转子常采用空心式结构，这种结构简单牢固，适于高速旋转，免维护，且成本较低。三相异步电机矢量控制调速技术比较成熟，使得异步电机驱动系统具有明显的优势，因此被较早应用于电动大客车的驱动系统，技术相对成熟。

图 4-16　交流感应电机实物

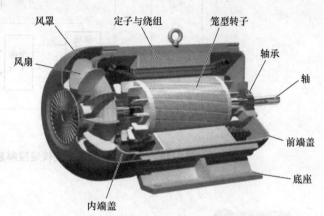

图 4-17　三相异步交流电机的基本结构

交流感应电机比较常见的是采用直接转矩控制，也就是将电机输出转矩作为直接控制对象，通过控制定子磁场向量控制电机转速。它不需要复杂的坐标变换，也不需要依赖转子数学模型，只是通过控制脉冲宽度调制（Pulse Width Modulation，PWM）型逆变器的导通和切换方式，控制电机的瞬时输入电压，改变磁链的旋转速度来控制瞬时转矩，使系统性能对转子参数呈现鲁棒性，并且这种方法被推广到弱磁调速范围。逆变器的 PWM 采用电压空间向量控制方式，性能优越，但同时不可避免地产生转矩脉动、调速性能降低的问题。该方法对逆变器开关频率提高的限制较大，定子电阻对电机低速性能也有较大影响，如在低速区，定子电阻变化引起的定子电流和磁链的畸变，以及转矩脉动、死区效应和开关频率等问题。

交流感应电机直接转矩控制系统的结构与原理如图 4-18 所示，它主要包括磁链调节器、转矩调节器、变换器、转速调节器等。其中磁链的观测是否准确，对整个控制系统的稳定性有着举足轻重的作用，而开关策略和磁链、转矩调节是先进控制算法的核心部分。

3. 永磁同步电机

永磁同步电机实物如图 4-19 所示。与交流异步电机一样，永磁同步电机中的定子绕组输入三相正弦交流电时，会产生一个旋转磁场。该旋转磁场与转子的永磁体磁场相互作用，使转子产生电磁转矩，并随着定子的旋转磁场转动，由于转子的转动与旋转磁场同步，故称之为永磁同步电机，其结构如图 4-20 所示。对于某一型号的同步电机，转速只与电源的频率有关。目前汽车采用永磁同步电机的较多。

部分车型永磁同步电机采用矢量控制，其基本原理如图 4-21 所示，其本质就是围绕着如何建立一个旋转的空间磁场，电机转动实质上就是空间磁场的转动。

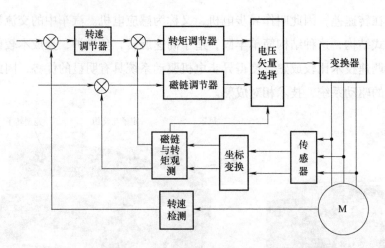

图4-18 交流感应电机直接转矩控制系统结构与原理

图4-19 永磁同步电机实物

1—定子总成 2—永磁转子总成

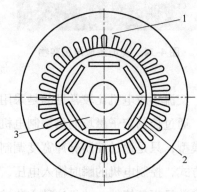

图4-20 永磁同步电机的结构

1—定子 2—转子中的永久磁铁 3—转子总成

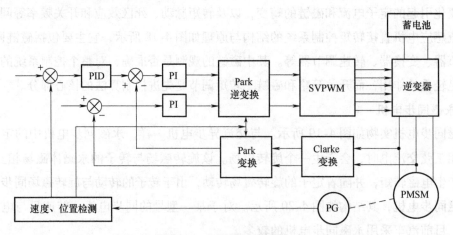

图4-21 矢量控制基本原理

PMSM—永磁同步电机 PG—位置转速传感器 SVPWM—电机驱动信号控制器

矢量控制理论的基本思想是：以转子磁链旋转空间矢量为参考坐标，将定子电流分解为相互正交的两个分量，一个与磁链同方向，代表定子电流励磁分量，另一个与磁链方向正交，代表定子电流转矩分量，两个分量分别对其进行控制，获得与直流电机一样良好的动态特性。因其控制结构简单，控制软件实现较容易，已被广泛应用到调速系统中。永磁同步电机矢量控制策略与异步电机矢量控制策略有些不同。由于永磁同步电机转速和电源频率严格同步，其转子转速等于旋转磁场转速，转差恒等于零，没有转差功率，控制效果受转子参数影响小，因此在永磁同步电机上更容易实现矢量控制。

4. 开关磁阻电机

开关磁阻电机实物如图 4-22 所示，一般为凸极铁心结构，其定子、转子均由普通硅钢片叠压而成。开关磁阻电机的转子上既无绕组也无永磁体，一般装有位置检测器；定子上绕有集中绕组，径向相对的一两个绕组串联构成相绕组，其基本结构如图 4-23 所示。根据相数和定子、转子极数的配比，开关磁阻电机可以设计成不同的结构。

 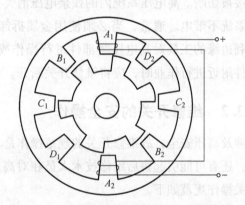

图 4-22 开关磁阻电机实物　　**图 4-23 开关磁阻电机基本结构**（单相绕组）

开关磁阻电机工作原理与磁阻式步进电机一样，基于磁通总是沿磁导最大路径闭合的原理，四相开关磁阻式电机驱动电路如图 4-24 所示。当定子和转子齿中心线不重合、磁导

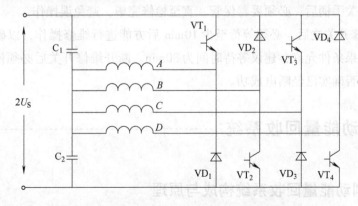

图 4-24 四相开关磁阻式电机驱动电路

不为最大时，磁场就会产生磁拉力，形成磁阻转矩，使转子转到磁导最大的位置。当向定子各相绕组中依次通入电流时，电机转子将一步一步地沿着通电相序相反的方向转动。如果改变定子各相的通电次序，电机将改变转向。但相电流通流方向的改变是不会影响转子的转向的。

4.3 维修开关

4.3.1 维修开关的类型与作用

在纯电动汽车和混合动力汽车上，维修开关也称为检修插接器、维修塞，如图 4-25 所示，是动力电池组中两组电池之间的电气插接器。当卸下插接器时，电池电路的连接被切断。高电压系统内的残余电压消失，此时，高电压系统不带电。通常，当必须使用金属拆卸工具或带有锐利边缘的工具对高电压零部件进行操作或在高电压零部件附近进行作业时，应将维修开关断开。

图 4-25 比亚迪 e6 的维修开关

4.3.2 维修开关的安全操作

因涉及高压安全，故维修开关的规范操作是非常重要的，不规范的操作不仅可能造成车辆故障，还有可能引起售后维修技术人员在对高压系统进行操作时触电、高压拉弧等危险。维修开关操作规范如下。

1）紧急维修开关的操作应由专业人员进行，至少操作人员应该接受过相关培训。

2）操作时，操作人员必须佩戴必要的保护装备，如绝缘手套、绝缘胶鞋等，其电压等级必须大于电池组的最高电压，用前须检查其是否完好无损，确保安全。

3）断开点火开关，并将钥匙移到智能钥匙系统探测范围之外。断开低压蓄电池负极端子，拔下维修开关手柄后，必须妥善保管，直至检修完毕，避免误操作。

4）拆开维修开关之后，必须等待至少 10min 后方能进行维修操作，以确保高压线路的余电已释放，如果条件允许，建议等待时间为 30min。断开维修开关后必须使用专业电压表检查高压系统是否确实已经断电成功。

4.4 制动能量回收系统

4.4.1 制动能量回收系统构成与原理

新能源汽车对能源的高效利用是发挥其节能优势的关键，这其中的关键部件就是动力电池，电池储存能量的多少是决定汽车在纯电动模式下续驶里程的重要因素。目前电池技术仍是发展电动汽车的瓶颈。研究表明，在城市行驶工况，大约有 50% 甚至更多的驱动能量在制动过程中损失掉，郊区工况也有至少 20% 的驱动能量在制动过程损失掉。因此，制动能量回收是提高这类汽车能量利用效率的有效措施，对汽车的节能和环保有着不可替代的作用。如果将车辆减速时的动能转化为电能，回收入动力电池，相当于增加了电池的容量。制动能量回收是指在减速或制动过程中，驱动电机工作于发电状态，将车辆的部分动能转化为电能储存于电池中。同时，施加电机回馈转矩于驱动轮，对车辆进行制动，这种制动方式称为再生制动或回馈制动。制动能量回收技术在电驱动车辆上的应用，可以增加车辆一次充电的续驶里程。制动能量回收由电制动系统和液压制动系统共同完成。液压制动系统是制动能量回收系统关键的执行机构，其任务是对制动压力进行控制，保证驾驶人良好的制动踏板感觉，确保整车制动安全性。在现有的技术条件下，制动能量回收对提高电动汽车的续驶里程具有重要的意义。一般来讲，在动力电池充电效率为 100%，电机效率、制动回馈效率为 50%，车辆总消耗能量 50% 用于获得车辆动能的设定条件下，采用再生制动能量回收可将车辆续驶里程提高约 33%。图 4-26 所示为部分车型在制动能量回收过程中的仪表显示。

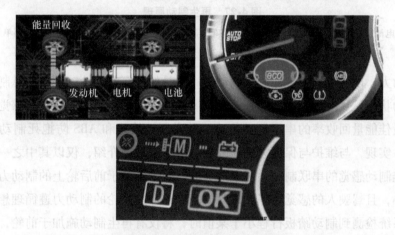

图 4-26　部分车型在制动能量回收过程中的仪表显示

由于电机产生的再生制动转矩通常达不到传统燃油车中的制动系统产生的制动性能，所以在电动汽车中，制动能量回收系统包括液压制动和再生制动两个子系统，其原理如图 4-27 所示，同时涉及整车控制器、变速器、差速器和车轮等相关部件，电制动系统包含驱动电机及其控制器、动力电池和电池管理系统。电机控制器用于控制驱动电机工作于发电状态，施加回馈制动力。电池管理系统控制电能回收于电池。液压控制系统包括液压制动执行机构和制动控制器，用于控制摩擦制动力的建立与调节。

4.4.2　制动能量回收控制策略

为了在满足制动性能要求下尽量多地回收车辆的动能，应该协调控制液压制动和再生制动两个子系统，这样就有两个基本问题需要解决：一是如何在再生制动和液压制动之间分配

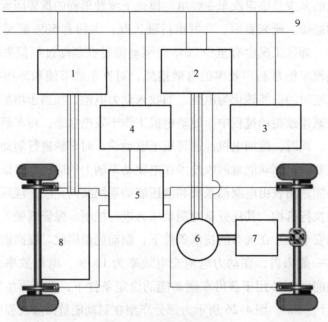

图 4-27 再生制动原理

1—电池管理系统 2—电机控制器 3—整车控制器 4—制动控制器 5—ABS 液压控制单元
6—电机 7—变速器 8—动力电池 9—数据总线

所需的总制动力，以尽可能多地回收车辆动能；二是如何在前后轮轴上分配总制动力，以实现稳定的制动状态。目前基本上有四种不同的制动控制策略：具有最佳制动感觉的串联制动策略、具有最佳能量回收率的串联制动策略、并联制动策略和 ABS 防抱死制动策略。控制策略通过软件实现，与维护与保养无关，故本章节不做详细介绍，仅以其中之一做概述。

具有最佳制动感觉的串联制动系统通过控制器控制施加于前后轮上的制动力，而使制动距离达到最小，且驾驶人的感觉良好。这就要求施加在前后轮的制动力遵循理想的制动力分布曲线。当系统检测到制动踏板行程小于某值时，将仅有再生制动施加于前轮，模拟了传统汽车中发动机延迟点火作用。当系统检测到制动踏板行程大于某值时，施加于前后轮的制动力遵循理想的制动力分布曲线。当所需的制动力小于电机所能产生的最大制动力时，只采用电机再生制动；反之，电机将产生其最大的制动转矩，剩余的制动力由机械制动系统补足。由于电机不同于内燃机的外特性，电机产生的最大再生制动力与其转速密切相关。在低转速（低于基本转速）状态下，其最大转矩为常量。在高转速（高于基本转速）状态下，最大转矩随着转速呈双曲线形下降。因此，在制动踏板位置不变时，机械制动转矩将随车速而变化。

4.5 空调系统

新能源汽车空调的制冷系统与传统内燃机汽车基本相同，暖气供应上则根据产生热源的手段不同而有结构上的差异。新能源汽车的空调系统与传统内燃机汽车的空调系统最大不同在于把由发动机带动的机械式空调压缩机改为由高压电驱动的电动空调压缩机，故本章节不再赘述空调系统的基本构成与原理，只介绍新能源汽车空调与传统内燃机汽车空调的不同之处。

4.5.1　空调系统与空调控制器

新能源汽车的空调控制器与传统内燃机汽车在结构、制冷与取暖的控制策略上并无太大不同，但由于采用了电动空调压缩机和非水暖式的取暖装置，所以相当一部分车型都提供了一个新功能——驻车空调模式，本章节仅介绍该功能的特点。

驾驶人可通过遥控器或定时器来控制车厢内温度，驻车空调模式与选择的驾驶模式无关。在驻车空调模式下，无法通过操作元件控制空调。AC 键（空调开关）的 LED 灯亮起，按键暂时无法使用。在进入行驶准备就绪状态时，将关闭驻车空调模式，这时可通过车辆内的操作元件控制空调。驻车空调模式有以下两种操作方法。

1. 通过智能手机 App 或客户门户网站进行即刻调温

通过智能手机 App 控制界面（图 4-28）或客户门户网站起动驻车空调模式（此时车辆处于上锁状态），对车厢内温度进行调节。驾驶人可将温度设置在 16 ~ 29℃ 之间。在"Low"和"High"模式下，空调控制器将温度设置在 Low = 15.5℃ 到 High = 30.5℃ 之间。在充电模式下，空调运行的最长时间为 30min，在动力电池运行模式下，最长时间为 10min。当动力电池的电量超出 20% 时，可以通过智能手机 App 进行即刻调温。

2. 通过"maps + more"起动定时程序

通过定时程序（图 4-29）起动驻车空调模式。如果预选了出发时的温度，在出发前 1h，动力电池充电器控制单元将激活空调控制器。该单元计算达到所需温度的时间，并将该数值传输到动力电池充电器控制单元，随后可重新关闭。如果达到计算的空调起动时间，再次激活空调控制器，并开始驻车空调模式。动力电池充电电压控制单元驻车空调模式所需的最大功率限制为一定值。

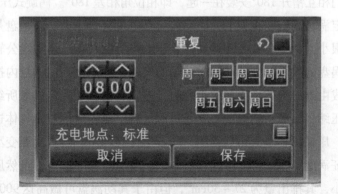

图 4-28　手机 App 控制界面　　　　　　**图 4-29　定时程序界面**

4.5.2 空调压缩机

新能源汽车有些已不再安装内燃机，或主要不以发动机作为动力源，显然空调制冷压缩机大多已不能以发动机来驱动，而改由电机来驱动。这种驱动方式取消了传统的外驱式带轮，电机一般与压缩机组装为一体，形成全封闭的结构，这种结构形式灵活方便，可装置在发动机舱的任何位置，而且电机与压缩机可采取同轴驱动，不会出现传统驱动方式的传动带打滑、压缩机转速与发动机转速不同步的现象。由于电机同轴驱动压缩机，可通过调节电机转速改变压缩机转速，实现空调压缩机排量及制冷量的灵活控制。封闭式的驱动结构只有电源线及进出气管与外部联系，运行的可靠性较高，故障率较低。

电动汽车空调的制冷系统与传统汽车基本相同，主要由一体化压缩机、冷凝器、膨胀阀、蒸发器和储液干燥器等部件组成，另外，还增加了电气系统的空调驱动器。使用泵气效率较高的涡旋式压缩机（图4-30、图4-31）是电动汽车空调的一个共同特点，与其他诸多类型的空调压缩机（如斜盘式、曲柄连杆式、叶片式等压缩机）相比，涡旋式压缩机具有振动小、噪声低、使用寿命长、重量轻、转速高、效率高、外形尺寸小等多个优点，更符合电动汽车的空调使用要求。

图4-30　涡旋式压缩机外形

图4-31　涡旋式压缩机构造

涡旋式压缩机包括一个定涡盘和一个动涡盘，这两个相互啮合的涡盘，其线形是相同的，它们相互错开180°安装在一起，即相位角相差180°。涡旋式压缩机的工作原理如图4-32所示，其定涡盘固定在机架上，而动涡盘由电机直接驱动。动涡盘是不能自转的，只能围绕定涡盘做很小回转半径的公转运动。当驱动电机旋转带动动涡盘公转时，制冷气体通过滤芯吸入到定涡盘的外围部分，随着驱动轴的旋转，动涡盘在定涡盘内按轨迹运转，使动、定涡盘之间形成由外向内体积逐渐缩小的腔，制冷气体在动、定涡盘所组成的六个月牙形压缩腔内被逐步压缩，最后从定盘中心孔通过阀片将被压缩后的制冷气体连续排出。

压缩机整个工作过程中，所有工作腔均由外向内逐渐变小且处于不同的压缩状况，从而保证涡旋式压缩机能够连续不断地吸气、压缩和排气，虽然压缩机每次排出制冷剂的气体量较小，其排出量为27～30cm³，但由于其动涡盘可做高达9000～13000r/min的公转，所以它

图 4-32 涡旋式压缩机工作示意图

A—在压缩机内的制冷剂

的排量足够大，能满足车辆空调制冷的需求，当然压缩机的功耗也较大，可达 4～7kW。

通过控制永磁同步电机定子各相绕组的通电频率及电流大小，可高精度调节电机转子的转速与转矩，并能直接控制压缩机的转速，达到调节制冷剂的排量，以适合汽车运行对空调系统的不同工况要求。

驱动新能源汽车空调压缩机运转的是三相永磁同步电机，向空调电机供电的则是三相高压交流电。动力电池只能提供直流电，为此必须要将直流电转换为交流电，这个任务就由变频器（即功率控制单元）承担，由它产生向空调压缩机和三相永磁同步电机供电的交流电源。

三相永磁同步电机在电动汽车上使用较多，特别是驱动汽车行驶的动力就是由三相永磁同步电机提供的，维修人员了解这种电机的特点对维修工作很有帮助。电动汽车在不同历史时期采用不同的电机，最早采用成本较低的直流电机，但它存在换向火花、高负载下转速受限制、体积大、经常需要维修等缺点，不能用于封闭式空调压缩机的驱动电机，而三相永磁同步电机具有体积小、质量轻、运转效率高、节省电能、可采用变频调速、运转极可靠、维护保养费用低等特点，所以现代新能源汽车空调压缩机首选三相永磁同步电机。

汽车空调三相永磁同步电机转子的转速虽与定子的旋转磁场能同步运行，但当转子有负荷阻力时，会使电机转子与定子的磁场轴线间形成角差。负荷越大，功率角也越大，它虽不影响转子的同步运转，但当负荷阻力超大时，功率角将造成转子失速停转。由于汽车空调在中小负荷起动的比较多，故不易使电机转子停转，因此这种永磁同步电机适合驱动空调使用，可靠地运用在一体化的空调压缩机中，使用寿命较长。

常见的电动空调变频器使用了六个 IGBT 场效应管，它是绝缘栅双极型晶体管，属于电压控制类器件，其特点是栅极的驱动功率小而饱和压降低，在电力系统和变流技术上广泛使用。IGBT 管的导通或截止受控于其上的栅极电压。如图 4-33 所示，当每个 IGBT 的模极按一定规律轮流加上占空比脉冲调制控制电压时，就会让电池的直流高压电流经过变频器，在输出端形成三相正弦交流电流，利于三相永磁同步电机平稳运转，产生的转矩以驱动空调压缩机。图 4-33 中与 IGBT 管并联的二极管是电机三相绕组的续流二极管，起保护 IGBT 管的作用。

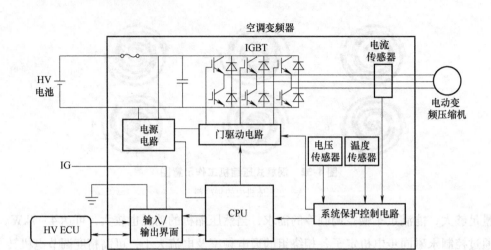

图 4-33　空调变频器电路简图

4.5.3　空调的供暖系统及控制策略

新能源汽车空调中的供暖系统与传统内燃机汽车有所不同，所以有的新能源汽车（如混合动力车型）空调采用传统发动机循环冷却液作热源，而当发动机不运转时，则由半导体 PTC 元件加热，或由储热水罐供热。纯电动汽车则除了加热元件外还采用热泵式空调。

1. PTC 元件供热

正温度系数（Positive Temperature Coefficient，PTC）热敏电阻是一种直热式电阻材料，通电时将会产生热量可供空调制热。如有的电动汽车空调内部有八条 PTC 发热元件（图 4-34），由空调驱动器将动力电池的高压电向每条元件供电，功率可达 300 ~ 600W，用于对冷空气或冷却液的加热。早期的制热装置采用 PTC 发热条，直接将冷空气加热为热空气，再用风机吹出热气。为提高制热器的效率，现在的制热多以水为介质，将水加热后送到空调风道的散热器，再经风机吹向车厢内或风窗玻璃，用以提高车厢内温度和除去风窗玻璃的霜雾。

PTC 电阻是一种具有正温度敏感性的典型半导体电阻，它可作为发热元件，也可用作热敏开关，还可用于检测温度，但是汽车上的温度传感器则用负温度系数（Negative Temperature Coefficient，NTC）材料。PTC 元件的温度与电阻的特性如图 4-35 所示。刚对元件通电时，其电流会随着温度的升高而呈现缓慢下降的趋势，也就是其常温下的发热量较低。而当温度超过"居里温度"时，它的电阻值会随着温度的升高呈阶跃性的增高，在狭窄温度范围内，如达到 250℃温度时，其电阻值会急剧增加几个至十几个数量级，即电阻变得极大，这就是所谓非线性 PTC 效应。吹出气体的温度最高可达 85℃，完全可以满足空调制热的要求；如果高于 85℃，则 PTC 电阻变得极大，实际表现为自动停止工作。作为加热用的陶瓷 PTC 元件，具有自动恒温的特性，可以省去温控电路。

图 4-34 汽车空调的 PTC 加热器实物

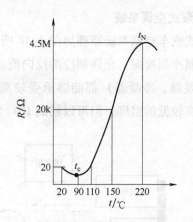

图 4-35 PTC 元件的温度与电阻特性曲线

2. 储热罐供热

现代混合动力汽车所配置的发动机多采用阿特金森循环,其特点是膨胀做功行程大于压缩行程,使热效率比普通发动机的奥托循环要高。提高发动机的经济性是重点,这就要求发动机应始终可靠地在经济转速下运行,发动机节省燃油,提高经济性,比提高发动机的动力性更重要。由于混合电动汽车运行特点,要求发动机的工况比较单一,既要回避怠速热车及小功率运转,也不需要大功率的产出,所以应在中负荷下运行。为加速发动机的快速起动及热机过程,一般采用"储热罐"技术,利用储热罐将发动机运转时循环冷却液储存起来,冷起动有一定的预热作用,可缩短热机过程。这种绝热的储热罐容量较大,放置在前保险杠内侧能长时间保持较高的温度,一般能保温三天。储热罐的热量可供给空调稳定热源,利用专用的电动泵将热水泵入空调散热器。电动水泵的结构如图 4-36 所示,它由电机驱动,由于电机驱动叶轮不直接接触冷却液,故称为不接触式水泵。电机的驱动力是通过磁性塑料将外转子的旋转透过中间的壳体,直接驱动磁性塑料的叶轮内转子旋转,这就是磁性耦合的原理。这种水泵的特点是在运行时可减少水的阻力,有效降低功耗。磁性塑料体是由磁性材料与树脂等混合压制而成的,能取得较好的磁力性能。

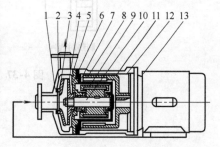

图 4-36 不接触式电动水泵的内部结构

1—泵壳 2—静环 3—动环 4—叶轮
5—密封圈 6—隔板 7—隔离套
8—外磁钢总成 9—内磁钢总成 10—泵轴
11—轴套 12—联接架 13—电机

若利用储热罐的供热方式,供热量已不能满足空调制热需求时,空调控制系统将根据设定温度及冷却液温度等信号,综合判定让发动机工作,以让冷却液升温产生足够的热量。发动机运行的条件是:车外温度低于 -3℃、冷却液温度低于50℃、当空调设定温度为 HI 或高于20℃,并有供暖需求时,发动机运转。当汽车运行在内燃机拖动工况时,空调的供热会自动采取传统的发动机循环冷却液的供热方式。

3. 热泵式空调系统

热泵式汽车空调系统原理如图 4-37 所示，与家用热泵空调类似，利用四通阀进行不同工况下的制冷剂换向，允许制冷剂反向流动，能够在冬天供热、夏天制冷，该热泵空调要求两器（蒸发器、冷凝器）都能够承受较高的运行压力。此系统由于受制冷剂温度的限制，不能工作在较低的温度，但可以辅助 PTC 为车舱进行加热。

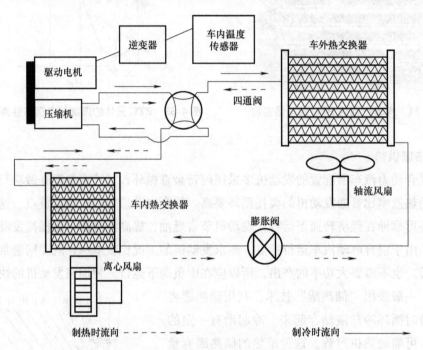

图 4-37　热泵式汽车空调系统原理

第 5 章

典型新能源汽车的技术特点

5.1 特斯拉

5.1.1 概述

特斯拉汽车公司成立于 2003 年，总部设在美国加利福尼亚州的硅谷，只制造纯电动汽车。特斯拉汽车公司是世界上第一个采用锂离子电池的电动汽车公司。

该公司的汽车产品主要有全球首款量产版电动敞篷跑车 Tesla Roadster、全尺寸高性能电动轿车 Tesla Model S（竞争对手锁定宝马 5 系、奔驰 E 级等车型）、全尺寸纯电动 SUV Tesla Model X、中等价位的中级电动轿车 Tesla Model 3 等四款车型。本章节将主要以 Tesla Model S 为例介绍。

5.1.2 动力电池组

1. 电池的布局

Model S 电池组安装在车辆的底盘，位置如图 5-1 所示，与轮距同宽，长度比轴距短。电池组尺寸（部分车型尺寸会有不同，本章节仅列举其中一种以供参考）：长 2.7m，宽 1.5m，厚度 0.1~0.18m，其中 0.18m 较厚的部分是两个电池模块叠加而成的。上述尺寸指电池组整体的大小，包括电池组的包裹面板。此结构是通用设计，其他符合条件的电池组也可以安装。此外，电池组采用密封设计，与空气隔绝，大部分用料为铝或铝合金。电池不仅是能量中心，也是 Model S 底盘的一部分，其坚固的外壳能对车辆起到很好的支撑作用。由于与轮距同宽，电池组的两侧分别与车辆两侧的车门槛板对接，用螺钉固定。电

图 5-1 Model S 电池组位置

池组的横断面低于车门槛板。从正面看，相当于车门槛板挂着电池组。

2. 电池内部结构

电池组整体有铭牌，图 5-2 所示为特斯拉 Model S 的电池组，图示电池容量为 85kW·h，400V 直流电。

总熔丝位于电池板的前端，实物如图 5-3 所示，并且有外壳保护以防受到撞击，产自德国巴斯曼（Bussmann），额定工作电流为 630A，额定电压为 690V，分断电流 700～200kA。

图 5-2　Model S 电池铭牌

图 5-3　Model S 总熔丝

特斯拉 Model S 电池组由 16 组电池组串联而成，每组电池组由 444 节 18650 锂电池（即普通笔记本电脑的锂电池），电池组板由共 7104 节 18650 锂电池组成。电池板中的 16 块电池组均衡平铺在壳体上（平铺有利于散热）。每一组电池组由六组单体电池包串联而成，单体电池包的布置采用不规则的结构。电池组内每一节电池都有单独的熔丝，以防单节电池过热导致整体电池包过热，电池组中央有检测线，检测线连接到电池控制模块，用来监控电池组的电压，保证电池组正常工作。每一组电池组都由一条 2/0 主线串联起来，主线位于电池板中央，有护板覆盖，2/0 主线汇集电流后将连接到输出端的接触器（图 5-4），接触器是由泰科电子专门为特斯拉生产的部件。

图 5-4　Model S 输出端接触器

各个电池组的相互之间是完全隔绝的，这样的设计有两个优点：一是增加了电池组整体的牢固程度，使整个底盘结构更加坚挺；二是便于电源管理，避免某个区域的电池起火时引燃其他区域的电池（如果没有隔离整块电池组燃烧起来不堪设想）。每组电池的隔离板内部都加注有一定量的冷却液。冷却液没有泵驱动循环，但整个电池组所有冷却液管路都是相通的，冷却液可热胀冷缩进行一定范围循环。

3. 电池管理系统 BMS

BMS 采用主从架构，主控制器（BMU）负责高压、绝缘检测、高压互锁、接触器控制、对外部通信等功能。从控制器（BMB）负责单体电压、温度检测，并上报 BMU。

在每个电池模组上，均设置有电池监控板（Battery Monitor Board，BMB），用以监控每个单体电池的电压、温度以及整个电池模组的输出电压。在整个电池包上，设置有电池系统控制器以及智能保险，用以监控整个电池包的工作环境，包括电池包的电流、电压、温度、湿度等。另电池包设置有系统安全控制器，用以监控电池系统控制器。在车辆发生碰撞时，电池的外部结构可以保护单体免受冲击并自动切断电源。

5.1.3　动力驱动系统与控制策略

1. 动力驱动系统

Model S 动力总成主要由动力蓄电池系统（ESS）、交流感应电机（Drive Unit）、车载充电机（Charger）、高压配电盒（HV Junction Box）、加热器（PTC Heater）、空调压缩机（A/C Compressor）、DC/DC 变换器等构成，其构成简图如图 5-5 所示。

图 5-5　Model S 动力总成构造简图

1—电池转换盒　2—驱动单元　3—充电口　4—充电器　5—动力蓄电池　6—PTC 驾驶舱加热器
7—压缩机　8—冷却液加热器　9—DC/DC 总成

Model S 采用三相交流感应电机，并且将电机控制器、电机以及传动箱集成于一体，尤其是将电机控制器也封装成圆柱形，与电机互相对应，看上去像是双电机，从设计上来看集成度高、对称美观，中间的传动箱采用了固定速比（9.73∶1）方案。85kW·h 版本电机峰值功率 270kW，转矩 440N·m。电机如图 5-6 ~ 图 5-8所示。

图 5-6　Model S P85D 驱动电机

图 5-7　Model S 后电机

图 5-8　Model S 前电机

与常规只用一台发动机和变速器分配能量、牺牲效率来换取牵引力的全轮驱动车辆不同，Model S P85D 采用了全轮驱动。特斯拉采用三相四极交流感应电机，铜转子，具有变频驱动功能的驱动逆变器与动能再生制动系统，不仅体积小，重量轻，而且可以瞬时输出到最大转矩，并在全寿命内基本无须保养。两台电机对 Model S 前后轮转矩分别进行数字化独立控制，提升了性能表现精准度。此外，Model S 的双电机数字化转矩控制与低重心设计相结合，有效地增大了车辆的地面附着力及增强了操控性。两个电机中前轮的电机称为辅电机，后轮的电机称为主电机。两个电机可以根据各自特性，在不同工况下工作，在任何一个转速区间内，电机组合都能为系统提供充足的转矩支持与功率输出，从而优化驱动系统的效率。该电机是由特斯拉与台湾富田公司共同研发与制造的三相交流感应电机，而该电机是物理学家尼古拉·特斯拉发明的，这也是该公司名称的由来。电机的动力通过一个 9.73∶1 的固定齿比变速器，将动力输送至差速器，然后输送至车轮。

2. 电机控制的基本策略

Model S P85D 电机控制的基本策略是：如果采用单个的大功率感应电机，虽然在起步时就能爆发最大转矩，但当达到较高转速时，转矩就会大幅降低，这就会导致车辆在加速初段很迅猛，但后半段逐渐衰退。辅助电机被设计为拥有较为平缓的转矩曲线，虽然峰值很低，但不会因为转速的增加而出现剧烈的变化，这样在主电机达到高转速出现转矩下降时，辅助电机就可以补充一部分转矩，使车辆后半段的加速也保持有力的状态。辅助电机的介入让四驱结构整体的转矩增加了，但同时输出功率也增加了。这台辅助电机的设计初衷，不仅要拥有平缓的转矩曲线，还要拥有一个在电机转速区间内缓慢上扬的功率曲线，要达到在主电机的功率出现下降时辅助电机的功率依然随着转速而增加的目的。这样 Model S P85D 双电机结构优化了电机效率，相互配合提高能量的利用效率。

5.1.4　热管理部分

Model S 热管理部分用一个四通转换阀实现了冷却系统的串并联切换，可以更好地根据工况选择最优热管理方式，其基本构造如图 5-9 所示。当电池在低温状态下需要加热时，电机冷却回路与电池冷却回路串联，从而使电机为电池加热。当动力蓄电池处于高温时，电机冷却回路与电池冷却回路并联，两套冷却系统独立散热。

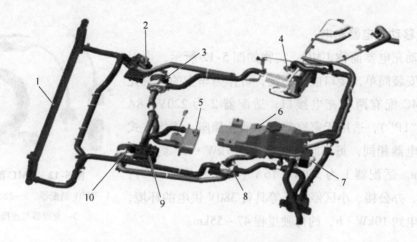

图 5-9　Model S 热管理系统构造

1—散热器　2—3 路旁通阀　3—动力蓄电池冷却液泵　4—PTC 防冻液加热器　5—动力蓄电池冷却液散热器
6—储液罐　7—电力系统冷却液泵　8—4 路冷却液控制阀　9—3 路冷却液控制阀　10—动力蓄电池冷却液泵

5.1.5　充电方式

特斯拉目前支持家用充电桩、超级充电桩、通用移动充电器等充电方式。每辆特斯拉均标配 1 个移动式充电插接器、2 个适配器（分别适用 220V 家用插座和 380V 工业插座）、1 个壁挂式充电插接器（即 220V 家用充电桩）、1 个车载充电电机（该电机是集成在车辆的充电接口上的，功率为 11kW）。

1. Tesla 超级充电站充电

在 Tesla 超级充电站，超级充电桩（图 5-10）可直接输出 120kW 进行充电，充满仅需几十分钟。

2. 壁挂式充电桩充电

特斯拉的壁挂式充电桩（家用充电桩）实物如图 5-11 所示，使用单相 220V 电源，与功率为 11kW 的车载充电器配合，能够以最大 40A 的电流充电，每小时充电容量可续驶约 40km。

图 5-10　超级充电桩　　**图 5-11　壁挂式充电桩**

3. 通用移动充电器充电

通用移动充电器简称 UMC，实物如图 5-12 所示，可以随车携带，安装简单，接口应用广泛，可作为车主的应急充电方案。UMC 配有两种充电接口，适配器 2 为 220V、8A（以下代号"1P"），适用于家庭普通三插孔插座，连接方式同一般家用电器相同，每小时可充电约 1.7kW·h，约行驶里程 7~8km。适配器 1 为 380V、16A（以下代号"3P"），适用于工厂、办公楼、小区停车场等具备 380V 供电的环境，每小时可充电约 10kW·h，约行驶里程 47~55km。

图 5-12　UMC 配件

1—380V 适配器　2—220V 适配器
3—充电器与连接线

5.1.6　铝质车身

特斯拉的电池很笨重，必须通过降低车身的重量来弥补笨重电池的不足。特斯拉采用了美国太空探索技术公司（SpaceX）的技术，成为北美唯一使用全铝车身（图 5-13）的汽车。

Model S 主要采用美国铝业公司（Alcoa）生产的铝材来制造底盘和车身板件。这种轻质金属必须精密冲压，特斯拉工厂配备了北美最大规模的液压机，大约相当于 7 层楼高，将总共五台液压机连成一排，用于模铸造型复杂的部件，如前机舱盖或车身两侧的板件。这是一种慢速冲压工艺，目的是尽量减少热量和翘曲，完成冲压后还要用激光切割机进行更精密的加工，

图 5-13　Model S 全铝车身

成形的部件被送往车间，特斯拉使用的零件目前大部分为自产。挤压件、冲压件和铸件的专业组合实现了需要的刚度和强度。高刚度、高强度结构不仅能保护车内乘员，还能提供更好的整体操控性。没有内燃机的影响，经过优化的车身前部，更有利于乘员的安全。完全平直的双八边形导轨沿车体结构底部布置设计，这在车辆发生正面碰撞时能最大限度地吸收撞击能量，有效保护驾驶舱人员的安全。当车辆行驶速度在 19~53km/h 时，假如 Model S 前保险杠内的传感器检测到与行人发生碰撞，车辆前盖后部会自动升起约 80mm 高度，关键部位采用高强度钢材增强乘员安全。由于铝质车身重量很轻，所以即使搭载 85kW·h 电池组，整车的续驶里程仍能达到 500km 以上。早期版本的 Model S 在侧面板件中嵌入了硼钢，并用航空航天级螺钉固定。这种工艺现在已经淘汰，取而代之的是更多铝增强材料的使用，阿波罗登月飞行器使用的也是这种铝材，而且依然采用航空航天级螺钉固定。这种铝增强材料可以吸收冲击力，车尾的双保险杠可以保护坐在"第三排"座位上的乘客。"第三排"实际上是位于行李箱位置的儿童尺寸背向可折叠座位。

5.1.7 车载软件系统

1. 车载软件系统概述

Tesla 的车载软件系统功能丰富,本章节仅以 Model S 为例介绍该系统的功能。Model S 的 17 英寸触摸屏(图 5-14)与软件系统结合能够控制车内的大部分功能。触摸屏、数字化组合仪表板和转向盘按键,无缝集成了多媒体、导航、通信、驾驶室控制系统和车辆数据显示。该软件系统发展到现在共有六个版本,各版本的功能见表 5-1。

表 5-1　Tesla 车载软件系统功能

版本	推出的时间	增加的新功能
8.1	2017 年 3 月	基于 GPS 的 HomeLink(2017 年 6 月,仅 Model S) 辅助转向速度增至 150km/h 主动巡航控制 召唤(测试版) 自动变道 车道偏离警告 自动紧急制动 自动远光灯 自动平行泊车 自动垂直泊车 侧撞预警 盲点检测 车速辅助
8.0	2016 年 9 月	改进了媒体播放器用户界面 改进了地图界面,新增旅途行程规划功能全新的实时路况信息和基于此的路线规划 地点搜索更便捷 更完善的语音命令 改进了能量回收制动 Model X 鹰翼门开启和闭合速度更快
7.1	2016 年 1 月	多项 Autopilot(自动驾驶系统)自动辅助驾驶功能改进 自动垂直泊车 召唤功能
7.0	2015 年 10 月	Autopilot 自动辅助驾驶:辅助转向、自动变道、自动平行泊车、侧撞预防
6.2	2015 年 3 月	里程保证 自动紧急制动 盲点警告 代客模式

（续）

版本	推出的时间	增加的新功能
6.1	2015 年 1 月	主动巡航控制 前撞预警 自动远光灯 行程电量预测 倒车摄像头辅助线 日历功能增强：会议备注和电话号码
6.0	2014 年 9 月	日历应用 新增电源管理选项 基于地理位置的智能空气悬架 自定义车辆名称 往期更新
无版 本号 的更 新	2014 年 3 月	坡道起步辅助 可导航至住宅/办公地点
	2013 年 11 月	可升高空气悬架
	2013 年 10 月	省电模式可减少车辆在未使用时的电量消耗 触摸屏可查看车主手册
	2013 年 8 月	Wi-Fi 和网络共享 车头向上地图显示模式
	2013 年 6 月	在地图上查看超级充电站（和此前使用过的目的地充电站）并进行导航
	2013 年 3 月	定时充电（通过在低谷电价时间段充电帮助客户节省电费）
	2012 年 11 月	自动伸出车门把手 防盗警报 语音命令
	2012 年 10 月	自动变速向前缓行 驾驶人设定

图 5-14　Model S 的中控操作触摸屏

2. 主屏幕功能

（1）主屏幕功能详解

Model S 的中控操作主屏幕功能如图 5-15 所示。

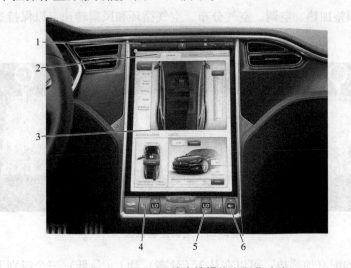

图 5-15　Model S 的中控操作主屏幕功能

1—状态栏　2—应用程序　3—主要视窗区　4—控制　5—温度控制　6—音量控制

Model S 的中控操作主屏幕功能释义如下。

Tesla 车载软件系统功能繁多，由于篇幅限制本章节仅选择比较有代表性的操作进行解析。

① 状态栏。该栏提供了快捷菜单到充电、驾驶人设定、车辆信息、固件更新、蓝牙、Wi-Fi 设置以及乘客安全气囊设置。状态符号显示当前温度、网络信号强度、蓝牙、Wi-Fi 设置、乘客安全气囊状态和时间等参数。如果显示一个报警图标（感叹号），触摸该图标以查看对应的警告信息（只有在 Model S 接通电源时，气囊状态符号才会显示）。

② 应用程序在主视窗区域显示一个应用程序有三种方法：一是点击应用程序的图标以使其显示在顶部视窗区，如果该应用程序已经显示，第二次点击图标会全屏显示该程序（仅有某些应用程序具有全屏显示模式）；二是将该应用程序的图标直接拖放在顶部或底部视窗区；三是长按应用程序图标会显示一个弹出式菜单，可以选择在主视窗区顶部或底部来显示该应用。

③ 主要视窗区。主要视窗区的显示会随着选择的应用程序而改变，对于某些应用程序（如导航和网页），可以使用标准触摸屏手势进行缩放。

④ 控制。触摸可访问 Model S 的所有控制和设置。

⑤ 温度控制。

⑥ 音量控制。触摸向上和向下箭头以增加和减小扬声器的音量，也可以通过转向盘左侧的滚轮来调节音量。

（2）Model S 温度控制

通常在触摸屏的底部可以进行温度控制，空调控制面板如图 5-16 所示。默认情况下，温度控制设置为自动，这样在极端恶劣的天气条件以外时均可保持最佳舒适度。如果调整温度，系统将自动调整加热、空调、空气分布、空气循环和风扇转速，以保持选定的温度。各按钮功能如下。

图 5-16　空调控制面板

① 前排座椅均配有加热垫，可以在从 3（最高）到 1（最低）三个级别下工作。当工作时，该指示灯会亮起红色并显示设置的数字。如配有选装寒冷天气包，您可以通过触摸"控制"→"寒冷天气"控制后排座椅上的座椅加热器和加热雨刷。

② 触摸向上或向下箭头来设置驾驶室温度（17～32℃）。为驾驶人侧和前排乘客侧使用相同的温度设置，在触摸箭头时弹出的温度菜单上触摸"温度同步"。

③ 自动/手动温度控制。

④ 风窗玻璃除霜器使空气流向风窗玻璃并使暖风和风扇在最大级别工作。触摸一次为正常除霜，触摸两次为最大除霜。当已打开时，再次触摸可关闭并恢复空气分配、暖风和风扇至之前的设置。

⑤ 打开/关闭温度控制系统。

⑥ 后车窗除霜器加热后车窗 15min 后自动关闭。

（3）Model S 悬架控制

Model S 悬架控制分为手动高度调节、自动高度调节等几种，调节面板如图 5-17 所示，具体功能如下。

① 手动高度调节。Model S 电源开启或踩下制动踏板后，可使用触摸屏手动更改车身高度。点击"控制"→"驾驶"，可选择如下功能。

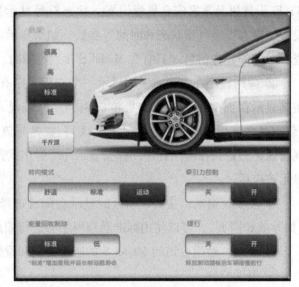

图 5-17　Model S 悬架控制面板

很高：如果设置了悬架为"很高"，之后驾驶速度达到 35km/h，悬架将降低到高位置。

高：如果您设置了悬架为"高"，之后驾驶速度达到 55km/h，悬架将降低到标准位置。

标准：标准设置可确保所有载荷状况下具有最佳的舒适度和操纵性。

低：降低高度更易于装卸货物和乘客上下车。

② 自动高度调节。当 Model S 的行驶速度高于停车场速度时，智能空气悬架自动降低车身高度以改善空气动力性和操纵性。在大多数平均速度行驶情况下，悬架会自动设置为标准。当手动调节高度时，悬架会随着驾驶速度的增加而自动降低。当装有载荷时，智能空气悬架还会保持前部和后部在同一水平高度。

点击触摸屏上"控制"→"设置"→"车辆"→"悬架"来设置空气悬架自动转换到车身高度低的速度。此设置将保存到驾驶人设定。

如果检测到空气悬架系统故障，在仪表板上将会亮起一个黄色指示灯。如果该问题持续存在，需要联系 Tesla 售后服务部门。

③ 千斤顶模式。在顶起或提高之前，将悬架设置到千斤顶模式以防止悬架自动调节升降，这种情况即使当 Model S 电源已经关闭时也会发生。

踩下制动踏板，然后点击"控制"→"驾驶"→"千斤顶"。

当 Model S 位于千斤顶模式中时，在仪表板上会亮起一个红色的空气悬架指示灯。

要取消激活此功能，再次触摸"千斤顶"。当驾驶速度超过 7km/h 时，千斤顶模式会自动取消。

（4）USB 设备接口

Model S 带有两个 USB 设备接口，位于中控台正面（图 5-18）。这些接口用于连接 USB闪存盘（又叫 U 盘）驱动器，还可用于为 USB 设备充电。

（5）12V 电源插座

Model S 带有一个电源插座，位于中控台正面（图 5-19）。仪表板和触摸屏起动后，该插座即可供电。12V 电源插座适用于最大 15A 或 180W 的附件。

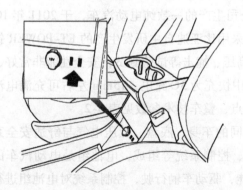

图 5-18　USB 接口

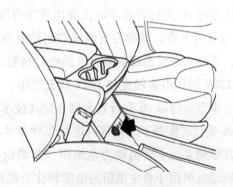

图 5-19　12V 电源插座

（6）更新软件

Model S 可通过无线连接更新其软件，提供车辆最新功能。完成更新后第一次进入 Model S 时，在触摸屏上会显示一个日程安排。一些软件的更新可能需要几个小时来完成。当新软件安装时，Model S 必须在驻车状态。为了确保软件以最快速度以及最可靠的方式传输更新，应尽可能使 Wi-Fi 保持打开并处于已连接状态。当有某个软件更新可用时，一个黄色时钟图标会出现在触摸屏的状态栏，操作界面如图 5-20 所示。

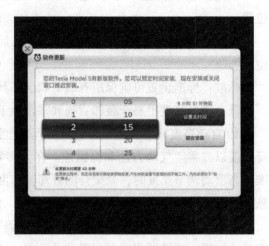

图 5-20　Model S 软件更新操作界面

触摸向上箭头和向下箭头以更改软件更新时间（如有必要），然后点击"设置此时间"以计划本次安装。一旦完成计划，在触摸屏状态栏上的黄色时钟图标将变为白色。点击"现在安装"可立即开始更新过程。在开始之前的任何时间，都可以重新计划更新。要执行此操作，点击触摸屏状态栏上的时钟图标以显示更新窗口。

如果软件更新开始时 Model S 正在充电，充电将停止，更新完成时充电将自动恢复。如果在计划的更新时正在驾驶，Model S 更新将会被取消并且需要重新计划。如果更新未完成，触摸屏将显示一条提示信息。

当一个软件更新完成后，通过显示发行说明来了解新的功能，触摸触摸屏顶部中间的 Tesla "T"，然后触摸发行说明将显示内容。

5.2　比亚迪 e6 先行者

5.2.1　概述

比亚迪 e6 先行者是深圳比亚迪股份有限公司生产的一款纯电动汽车，于 2011 年 10 月 26 日在我国上市，其动力蓄电池和起动电池均采用比亚迪自主研发生产的 ET-POWER 铁锂电池，不会对环境造成危害，电池经过高温、高压、撞击等试验测试，安全性能非常好，可使用 220V 民用电源慢充和 380V 快充充电，其中快充为 3C 充电，15min 左右可充满电池的 80%。本章节将以 e6 先行者为例介绍其技术特点，整车技术参数见表 5-2。

e6 先行者配备了与常规内燃机车辆基本相同的车身、底盘、低压电气与舒适安全系统等，其驱动系统主要由动力电池组、驱动电机、控制系统等组成，电池组是电动汽车的能源，驱动电机用于将电池组的电能转化为机械能，驱动车辆行驶，控制系统对电池组进行管理和对电机进行控制。

表 5-2　比亚迪 e6 先行者整车技术参数

产品型号名称		e6 先行者（QCJ7006BEV）
外形尺寸	长/mm	4560
	宽/mm	1822
	高/mm	1630/1723（加天线）
	轴距/mm	2830
轮距	前/mm	1556
	后/mm	1558
	整备质量/kg	2295
	满载质量/kg	2670
	轮胎规格	25/65R17、T145/90R17（备胎）
	接近角（°）	20
	离去角（°）	32
	前悬架/mm	920
	后悬架/mm	810
	乘员数	5
	最高车速/(km/h)	≥140
		≥160
	电机型号	BYD-TYC
	电机类型	永磁同步电机
	最大输出功率/kW	90
	最大扭矩/N·m	450
	最大爬坡度（%）	≥30

e6 先行者保留了传统汽车的加速踏板、制动踏板和各种操纵手柄等，但它不需要离合器，在汽车工作时，传感器将加速踏板、制动踏板机械位移的行程量转换为电信号，输入中央控制系统，经中央控制器处理后发出驱动信号，达到对电动汽车工况的控制。当汽车行驶前进时，电池组输出的直流电经电机控制系统调整为交流电驱动电机，电机输出的转矩经传动系统驱动车轮。车辆减速、滑行时，车轮带动电机运转，通过电机控制系统使其工作在发电机工况，将输出的交流电调整为直流电向电池组充电（制动再生能量），同时，整车控制系统通过各种传感器、电流检测器对动力电池组、驱动电机进行监控并及时反馈信息和报警，并通过电流表、电压表、电量表、转速表和温度表等仪表进行显示。

5.2.2　电池组与电源管理系统

1. 电池组

e6 先行者采用磷酸锂钴铁电池，也是锂电池的一种。它放在汽车底部，由 11 个模组、共 96 个单体电池组成，总电压 307V，电池容量达 220A·h，可以使续驶里程达到 300km。

电池组位置如图 5-21 所示。

2. 电池管理系统 BMS

电池管理系统（Battery Management System，BMS）的主要作用如下。

1）电池温度控制。动力电池采用了大容量单体电池容易产生过热，从而影响电池的安全和性能，必须监测和控制温度。

2）保持电池组电压和温度的平衡。由于电池正负极材料和制造水平的差异，各单体电池之间尚不能达到性能的完全一致，在通过串联或并联方式组成大功率、大容量动力电池组后，苛刻的使用条件也容易诱发局部偏差，从而引发安全问题。因此，为确保电池性能良好，延长电池使用寿命，必须使用 BMS 对电池组进行合理有效的管理和控制。

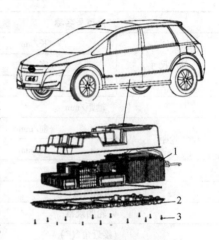

图 5-21　电池组位置
1—电池组　2—底板　3—固定螺栓

3）防止电池过充过放。串联的电池组充电或放电时，部分电池可能先于其他电池充/放电完，继续充电或放电就会造成过充过放，电池的内部副反应将导致电池容量下降、热失控或内部短路等问题。电池老化、低温等情况，均会导致部分电池的电流超过其承受能力，降低电池的寿命。

4）防止电池短路或者漏电。因为振动、湿热、灰尘等因素造成电池短路或漏电，威胁驾乘人员的人身安全。

5）预测电池的 SOC 和剩余行驶里程。SOC 是 State of Charge 的缩写，指电池的荷电（存电）状态，可以估算出电动汽车的剩余行驶里程，以使驾驶人提早做好准备，因此也叫剩余电量。

电池管理系统包括多个处理模块，如数据采集模块、SOC 估算模块、电气控制模块、安全管理模块、热管理模块、数据通信和显示模块等。

电池管理系统动态监测动力蓄电池组的工作状态，实时采集每块电池的电压和温度、充放电电流及电池包总电压，估算出各电池的荷电状态、安全状态和能量状态（State of Energy，SOE），然后通过控制其他器件，防止电池产生过充电或过放电现象，同时能够及时给出电池状况，找出故障电池所在箱号内位号，挑选出有问题的电池，保持整组电池运行的可靠性和高效性。此外，BMS 还需要设定面向用户端的显示，将估算的剩余电量换算成可行驶里程，同时还需要有自动报警和故障诊断功能，方便驾驶人操作和处理。BMS 的主要工作原理可简单归纳为，首先通过数据采集电路采集电池状态信息数据，再由电子控制单元 ECU 进行数据处理和分析，然后根据分析结果对系统内的相关功能模块和执行部件发出控制指令，并向外界传递信息，其基本功能见表 5-3。

表 5-3　比亚迪 e6 先行者 BMS 的基本功能

BMS 的主要功能	输入的信号	执行部件
防止过充	电池电压、电流、温度	充电机
避免过放	电池电压、电流、温度	电机功率转换器
温度控制	电池温度	空调
电池组件电压和温度的平衡	电池电压和温度	平衡装置
预测电池的 SOC 和剩余行驶里程	电池电压、电流、温度	显示装置

比亚迪 e6 先行者电池管理系统位置如图 5-22 所示，同时还有高压配电箱与其配合，通过配电箱对电池包体中的能量进行控制，它相当于一个大型的电闸，通过继电器的吸合来控制电流通断。为了控制如此大的电流通过整车，需要通过几个继电器的并联进行工作。电池控制器外形如图 5-23 所示。

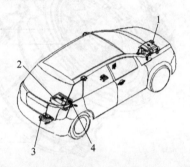 

图 5-22　比亚迪 e6 先行者电池管理系统位置
1—电机控制器　2—高压配电箱　3—电池控制器　4—漏电传感器

图 5-23　电池控制器外形

5.2.3　电机与控制系统

电机与控制系统（图 5-24）主要由驱动电机及其管理、控制装置组成。

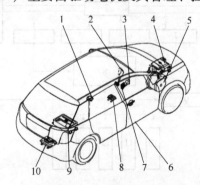

图 5-24　电机与控制系统组成
1—P 档位控制器　2—制动踏板　3—加速踏板　4—驱动电机控制器　5—动力总成
6—动力电池　7—档位控制器　8—主控制器　9—高压配电箱　10—电池控制器

1. 电机

比亚迪 e6 先行者采用交流无刷电机（图5-25、图5-26），通过采集电机旋变信号进行工作。

a) 外壳   b) 定子   c) 转子

图 5-25 电机实物   图 5-26 电机分解图

电机油容量为2L，建议型号为美孚ATF220。

电机冷却系统由电动水泵提供动力，低温冷却液通过冷却管路由散热器流向待散热元件（电机控制器、DC/DC、电机），冷却液在待散热元件处吸收热量后，再通过冷却管路流经散热器进行散热，然后准备进行下一个循环。电机排放螺塞位置如图5-27所示。

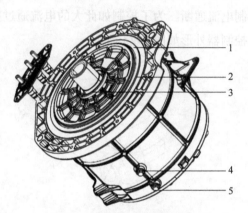

图 5-27 电机排放螺塞位置

1、2、3—电机总成 4—冷却液排放螺塞

5—电机油排放螺塞

2. 电机控制器

驱动电机控制器系统主要是由高压配电、控制器、驱动电机及相关的传感器组成，该系统核心为驱动电机控制器。图5-28是电机控制系统简图，驱动电机控制器接受档位开关信号、加速踏板深度、制动踏板深度、旋变等信号，经过一系列的逻辑处理和判断，来控制电机正、反转

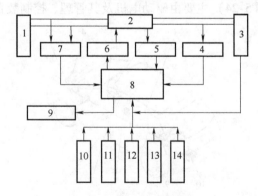

图 5-28 电机控制系统简图

1—电池组 2—IGBT 模块 3—电机 4—电流信号 5—温度信号 6—驱动信号 7—电压信号

8—驱动电机控制器 9—仪表 10—车速 11—加速踏板 12—制动 13—起动信号 14—电机转速信号

和转速等。核心 ECU 驱动电机控制器上层软件所依赖的下层硬件电路，包括控制电路板和驱动电路板两块电路板。它们的分工有所不同，控制电路板又分为模拟通道采样单元、模数转换单元、数字信号处理单元、旋变解码单元、CAN 通信单元、档位处理单元。驱动电路板包括信号隔离单元、保护信号选择单元、电源单元。控制电路板对采样的数据进行处理，计算出所需占空比，产生 PWM（正弦脉宽调制），通过驱动电路板传递给 IGBT，供驱动电机工作。

DC/DC 模块（图 5-29 中右侧模块）负责将车辆运行中的所有电压按要求进行转换。

电机控制器相当于传统汽车的节气门开度调节机构，都是根据加速踏板的位置来进行发动机动力输出调节，但电机控制器的结构、功能更为复杂。电机控制器不仅接受加速踏板的加减速信号，同时接受制动踏板、电机转速、车速、电机电枢电压电流等信号，对这些信号分析后对电机进行控制。控制器还会将这些信息显示在仪表板上以供驾驶人随时掌握车辆状况。另外，控制器在电机发生过流、过压、过热情况时会自动切断主电路以保护汽车以及乘员的安全。

动力电池组和电机的正负极分别与 IGBT 模块的输入端和输出端连接，IGBT 的输出电压由主控制器向其输入的 PWM 信号控制。在控制器运行过程中，主控制器通过分析加速踏板、制动踏板、车速、电机转速等传感器信号进行电机电压的控制，输出方式是将 PWM 信号传递到 IGBT 模块，通过采集电压、电流、温度等信号进行系统的过流、过压、过热保护。

驱动电机控制器端子图及数据见图 5-30 和表 5-4。

图 5-29 电机控制器与 DC/DC

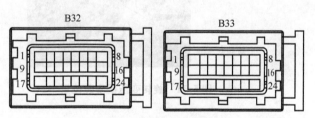

图 5-30 驱动电机控制器端子

表 5-4 驱动电机控制器端子 32 数据

端　　子	条　　件	正　常　值
B32-1	始终	<1V
B32-2		5V

（续）

端　子	条　件	正　常　值
B32-7	打开点火开关	5V
B32-8		11～14V
B32-9	始终	<1V
B32-10		
B32-15		
B32-16		
B32-17	踩制动踏板到一定深度	模拟信号
B32-18		
B32-22	打开点火开关后约2s	<1V
B32-23	踩加速踏板至一定深度	模拟信号
B32-24		

3. 旋转变压器

旋转变压器是一种输出电压与转子转角保持一定函数关系的感应式微电机。它是一种将角位移转换为电信号的位移传感器，它由定子和转子组成，其中定子绕组作为变压器的原边，接受励磁电压，转子绕组作为变压器的副边，通过电磁耦合得到感应电压，通过这个信号即可检测出电机的位置、转角、转速。其位置如图5-31所示，实物如图5-32所示。

旋转变压器

图5-31　旋转变压器安装位置

图5-32　旋转变压器实物

比亚迪e6先行者采用了磁阻式旋转变压器，励磁绕组和输出绕组放在同一套定子槽内，固定不动，但励磁绕组和输出绕组的形式不一样。两相绕组的输出信号仍然是随转角作正弦变化、彼此相差90°的电信号。转子磁极形状特殊设计，使得气隙磁场近似于正弦形。转子形状的设计也必须满足所要求的极数。转子的形状决定了极对数和气隙磁场的形状。

4. 档位执行器

档位执行器是人机对话的窗口，自动变速器档位显示在换档手柄上，P档位是驻车档位，踩下制动踏板，起动车辆OK灯亮起后，即可将档位从P位切换至其他档位；R档位是倒车档位，在汽车停稳后方可使用；N 档位是空档，暂时停车时使用；D 档位是前进档位，供正常行驶时使用。除在起动时要踩下制动踏板外，其他档位之间的切换直接操纵变速杆即可实现。换档成功后，手松开变速杆自动回到中间位置，如图 5-33 所示。

档位执行器中的档位传感器采用霍尔式，共两个，端子排列如图 5-34 所示，数据见表 5-5 和表 5-6。

图 5-33　档位执行器

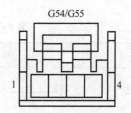

图 5-34　档位传感器端子排列

表 5-5　传感器 1 端子数据

端　子	线　色	条　件	正　常　值
G54-3—接地	灰	始终	小于 1Ω
G54-4—接地	白/紫	N 档位	5V
G54-2—接地	红/紫	P 档位	5V
G54-1—接地	黄	点火开关打开	5V

表 5-6　传感器 2 端子数据

端　子	线　色	条　件	正　常　值
G55-1—接地	黄/红	始终	5V
G55-2—接地	橘红	N 档位	5V
G55-3—接地	棕	P 档位	小于 1Ω
G55-4—接地	绿	点火开关打开	5V

5. 驻车制动开关

驻车制动开关采用普通开关式设计，电路与端子如图 5-35 所示。

6. 加速踏板

加速踏板总成（图 5-36）包括踏板和位置传感器，位置传感器把驾驶人操纵加速踏板的旋转角度转换成输出电压信号，然后将电压信号传递给 ECU，ECU 再根据该信号控制电机电流大小，以达到控制电机转矩的目的。位置传感器端子及相关数据见图 5-37 和表 5-7。

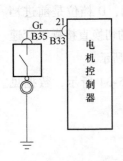

图 5-35　驻车制动开关电路与端子

图 5-36　加速踏板总成

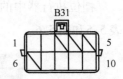

图 5-37　位置传感器端子

表 5-7　传感器端子数据

端　　子	条　　件	正　常　值
B31-1—接地	不踩踏板	0.66V
	踩到底	4.45V
B31-8—接地	不踩踏板	4.34V
	踩到底	0.55V
B31-2—接地	打开点火开关	5V
B31-7—接地		5V
B31-9—接地		小于1V
B31-10—接地		小于1V

7. 制动深度传感器

制动深度传感器接受制动踏板深度信号，电机控制器以此信号实现对电机的控制，如电机的转速、制动回馈、制动优选等。制动深度传感器位置如图 5-38 所示，端子如图 5-39 所示，数据见表 5-8。

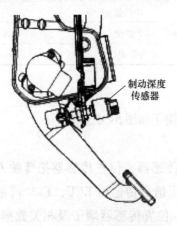

制动深度
传感器

图 5-38　制动深度传感器位置

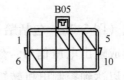

图 5-39　制动深度传感器端子

表 5-8　传感器端子数据

端子	条件	正常值
B05-1—接地	不踩踏板	0.66V
	踩到底	4.45V
B05-8—接地	不踩踏板	4.34V
	踩到底	0.55V
B05-2—接地	打开点火开关	5V
B05-7—接地		5V
B05-9—接地		小于1V
B05-10—接地		小于1V

8. P 档位电机控制系统

P 档位电机控制系统接收驱动电机控制器的锁止与解锁信号，对电机执行相应的操作，保证车辆停车与起步。该装置通过控制电机的伸出与缩进来实现变速器的锁止与解锁，主要包括控制器、电机（图 5-40 和图 5-41）、霍尔位置传感器，位置传感器与电机是集成式的。该车采用了开关磁阻式锁止电机。

图 5-40　P 档位电机位置

图 5-41　P 档位电机

P 档位电机控制器主要控制 P 档位电机在 P 档位置锁止变速器，该模块通过 PWM（脉冲宽度调制）对 P 档位电机进行控制，其控制原理图如图 5-42 所示。

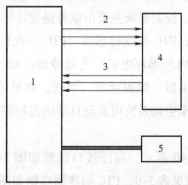

图 5-42　P 档位控制器原理简图

1—P 档位控制器　2—控制信号　3—霍尔传感器反馈信号　4—P 档位电机　5—短路器

5.2.4 充电

比亚迪 e6 先行者电动汽车电池充电接口在汽车后侧（即传统汽车加油口位置），左侧是 380V 插口，右侧是 220V 插口，如图 5-43 所示，充电时仪表板会亮起相应的指示灯。

比亚迪家用 C10 充电柜采用 380V 电压充电，实物如图 5-44 所示。

随车赠送的充电器采用 220V 充电，实物如图 5-45 所示。

图 5-43　充电接口位置

图 5-44　比亚迪家用 C10 充电柜

图 5-45　随车充电器

5.2.5 空调系统

e6 先行者的空调系统不同于常规燃油车，其制冷系统采用电动空调压缩机，转速可主动调节，其调节范围在 0 ~ 4000r，这样既保证了良好的制冷效果，同时也节省了电能。其暖风系统采用约 3000W 的电加热 PTC。空调系统由制冷、供暖、通风、控制等部分组成，制冷系统主要由空调驱动器、电动压缩机、冷凝器、膨胀阀和蒸发器五大部件组成，辅助设备有制冷管路、储液干燥器等。供暖系统主要由空调驱动器、PTC 加热器等组成。通风系统主要由鼓风机、通风管道等组成。控制系统主要由室外温度传感器、室内温度传感器、日光照射传感器、蒸发器温度传感器、PTC 温度传感器、PTC 一次性熔断器、PTC 温度控制开关、空调放大器、三态压力开关、内外循环电机、主驾冷暖电机、副驾冷暖电机、调速模块组成。空调系统主要实现制冷、供暖、除霜除雾、换气、除湿等功能。其中供暖利用 PTC 加热，制冷采用蒸汽压缩式。该车空调系统可实现自动恒温控制、电机驱动风门、鼓风机 7 档调速。

空调系统控制框图如图 5-46 所示，高压接口位置如图 5-47 所示，空调压缩机实物如图 5-48 所示，压缩机技术参数见表 5-9，PTC 加热器实物如图 5-49 所示，压缩机与 PTC 控制电路如图 5-50 所示，鼓风电机控制电路如图 5-51 所示。

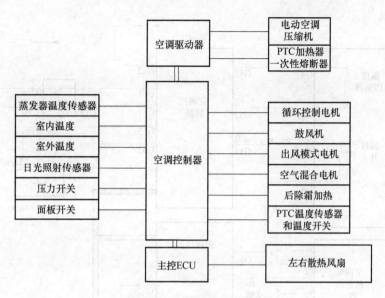

图 5-46　空调系统控制框图

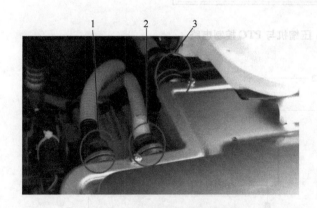

图 5-47　空调系统的高压接口位置

1—输出到压缩机　2—输出到 PTC 加热器　3—高压输入

图 5-48　压缩机实物

图 5-49　PTC 加热器实物

表 5-9　压缩机技术参数

技 术 参 数	数　据
压缩机工作电压/V	320
制冷剂类型	R134a
制冷剂加注量/g	550
压缩机油型号	RL68H
压缩机油加注量/ml	120

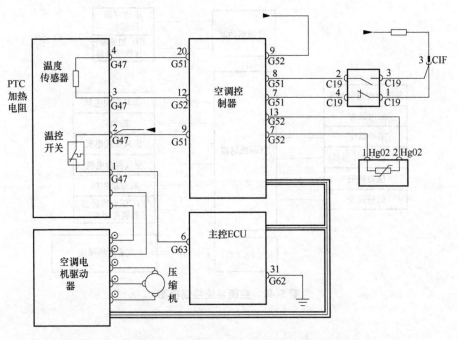

图 5-50　压缩机与 PTC 控制电路

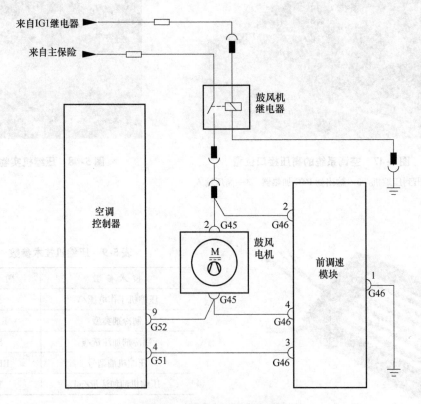

图 5-51　鼓风电机控制电路

5.2.6 比亚迪 i 系统

i 系统是比亚迪倾心打造的一个全新车载网络平台，通过移动客户端的 App 让车主享受安全、行车、资讯以及娱乐、商旅等服务。该系统有 24h 在线呼叫中心服务、稳定高效的数据中心及功能强大的服务系统、全国上千家 4S 店的救援服务网络以及比亚迪汽车厂家技术力量的支持。

1. i 系统的功能

1）当车辆发生碰撞或紧急情况时，车主第一时间可获得来自呼叫中心的帮助和专业的救援。

2）车主将会定期得到全面的体检并得到专业的建议。

3）可以监控定位被盗车辆，一键连通客服中心，车主要去的目的地可下发到车载导航，并自动进行导航，无须更多的冗余操作，同时播报实时路况。

2. i 系统具体功能举例

1）远程可实现部分控制，如车门上锁、车门解锁、车辆起动、车辆熄火、空调开启、预约充电等。

2）实时可实现车辆定位、操作记录、实时车况、胎压、电耗、续驶里程等。

3）天气功能可以显示本地天气情况，比较实用。

4）位置查询。车主可以通过车牌号、邮箱、手机号码等查询好友的地理位置，对方会收到一条消息，同意后地理位置会发送回车主，而汽车可以起动导航系统到朋友的位置。

5）日程安排。车主可以在比亚迪的云服务官方网站设置个人的日程提醒，在指定时间段起动汽车就会自动推送，在屏幕上提示车主。

6）汽车远程更新升级服务。用户在用车过程中，只要在 3G 信号覆盖区域，即可随时随地更新升级车载系统，不需要再到 4S 店。目前比亚迪支持的远程更新模块包括多媒体、组合仪表、胎压监测、变速器程序、抬头显示等十几个核心模块（具体升级系统请以比亚迪厂家维修手册为准）。在使用中车主下载 App 后，打开手机就会提示系统有最新更新，确认后自动联网下载新的软件系统，下载完成后重启就完成升级了。

5.3 奔驰 S400 Hybrid

5.3.1 概述

奔驰 S400 混合动力第一代车型于 2010 年最先在美国上市，搭载一款 275 马力（1 马力 = 735.499W）的 3.5L V6 汽油发动机与一款 20 马力的电机，属于轻型混合动力汽车车型。阿特金森（Atkinson）发动机压缩比自原有的 10.7:1 提升至 11.7:1，并针对喷油与点火正时进行调校，使得阿特金森发动机的峰值转矩更大。

该车型并不提供纯电动行驶模式，电机在起步时以高效率的驱动力作为发动机动力系统的辅助动力输出。在电机的配合下，在最消耗能源的起步阶段同样可以拥有高效率、低油耗的表现。因不需要提供纯电动汽车行驶时所需的电能，该车并未配置大容量的镍氢电池，而可以选择体积更小、重量更轻的锂电池，电池大小与现有的 12V 铅酸电池相当，重量却更轻，让其能轻松安置在发动机舱内原有的位置中，S400 混合动力版不需要牺牲任何乘坐与行李空间，S400 混合动力版的电机及电池系统仅有 75kg 的重量以及小巧的体积，能轻松地在不改变车体结构的情况下，装载在 W221 的车体上，让其能维持 S 级原有的设计与调校。该车型的一些专属标识如图 5-52 所示。

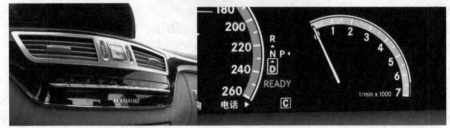

图 5-52　S400 混合动力专属标识

5.3.2　混合动力系统

　　奔驰 S400 混合动力系统的结构如图 5-53 所示。

1. 动力电池模块

　　动力电池位于发动机舱右后部，可保护动力电池免受外部热量的影响，并确保物理稳定性。动力电池模块包括动力电池、电池管理系统（BMS）控制单元和保护开关。制冷管路和电线（高压/12V）可与动力电池模块相连。动力电池采用锂电池，如图 5-54 所示。动力电池通过 DC/DC 变换器与 12V 车载电气系统相连，从而可在必要时为 12V 车载电气系统提供支持，保护开关由电池管理系统（BMS）控制单元促动，并在内部将动力电池的正极和负极接线柱与高压车载电气系统绝缘。

　　电池管理系统的功能如下：

　　1）电池管理系统控制单元不断确定并监测以下动力电池数据：高压互锁、电流、电压、温度、保护开关状况。

　　2）电池管理系统控制单元通过传动系统 CAN I 与车辆的控制器区域网络（CAN）互相

图 5-53　混合动力系统的结构

1—动力电池　2—DC/DC 变换器　3—电源电子装置　4—电机　5—踏板机构　6—制动助力器

7—电动真空泵　8—电动制冷压缩机　9—低压冷却器　10—低温回路循环泵

11—电液动力转向机构　12—带再生制动系统控制单元的液压单元

连接，并与其他控制单元交换数据。

2. DC/DC 变换器模块

DC/DC 变换器模块位于右前轮罩的后部。DC/DC 变换器控制单元是个双向直流变压器，可产生较高的直流电压和 12V 的直流电压。当 DC/DC 变换器模块将高压直流电压转换为 12V 直流电压时，即实现了高电压车载电气系统与 12V 车载电气系统之间的能量交换；反之亦然。DC/DC 变换器控制单元通过传动系统 CAN I 与车辆的控制器局域网络 CAN 互相连接，并与其他控制单元交换数据。该模块如图 5-55 所示。

3. DC/AC 控制单元

DC/AC 控制单元 N129/1 位于排气歧管下方的右侧，通过隔热板保护其免受热辐射。DC/AC 控制模块是高电压线束的部件，其中包括高电压熔丝盒 F70 和相关的高压导线。如果线束中的其中某个部件发生故障，则必须更换所有部件。DC/AC 控制单元通过三相交流电压促动电机（A79）。电力电子控制单元通过传动系统 CAN I 与车辆的控制器局域网络 CAN 相连，并与其他控制单元交换数据，该模块如图 5-56 所示。

图 5-54　动力电池模块

1—动力电池模块　2—电池管理系统控制

单元的 12V 插头　3—制冷剂管路连接

4、5—高压电缆插头　6—保护开关

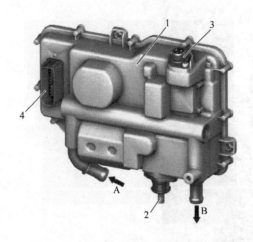

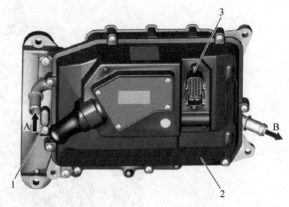

图 5-55 **DC/DC 变换器模块**

1—DC/DC 变换器模块 N83/1 2—电路 30 的螺纹
连接 3—高电压插头连接 4—DC/DC 变换器
控制单元的插头连接
A—冷却液入口 B—冷却液回流

图 5-56 **DC/AC 控制单元**

1—互锁电路的护盖 2—电力电子模块
3—电力电子控制单元的插头连接
A—冷却液入口 B—冷却液回流

4. 集成式起动机/发电机 A79

集成式起动机/发电机 A79 采用永磁同步电机，外置转子，电机安装在发动机和自动变速器的变矩器之间。集成式起动机/发电机 A79 提供助力、再生制动、发动机起动功能，输出功率为 15kW，可产生最高 240V 的交流电压，在 0～100r/min 的转速范围内不产生感应电流，该装置如图 5-57 所示。

图 5-57 **集成式起动机/发电机 A79**

1—电气插接器 2—定子 3—带增量环的转子 4—转子位置传感器
5—曲轴霍尔传感器 6—中间外壳 7—中间凸缘

5. 电源分配单元 PDU

电源分配单元 PDU 是高电压动力电池、电源电子装置与电动制冷压缩机之间的连接分配器。此部件未有单独供货，如遇故障问题需将高压电线束整根更换，该装置如图 5-58 所示。

6. 高温熔丝

在 S400 车型上新增了一个接线端子 30c。高温熔丝的输入端为 30，输出端为 30c，高温熔丝负责在发生碰撞时切断电路 30c，当端子 30c 断开时，高压电路将被切断。高温熔丝安装于右前乘客位脚坑区域，激活后可单独更换。高温熔丝通过安全气囊控制单元促动，促动后高温熔丝熔断，电路 30c 关闭，电池保护器开启，高压快速放电时间小于 1s，短路激活，该装置如图 5-59 所示。

图 5-58　电源分配单元 PDU

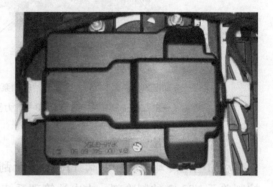

图 5-59　高温熔丝

7. 变速器油辅助泵

变速器油辅助泵（图 5-60）控制单元集成在电动变速器油泵中，变速器油辅助泵控制单元控制电动变速器油泵。当发动机（起动/停止）功能"停止"启用时，由电动变速器油泵接管变速器控制系统的机油供给，防止发动机起动后换档期间出现延迟。

变速器电动油泵还可以在热怠速模式下的滑行降档期间为主油泵提供支持。

变速器油辅助泵控制单元通过 CAN 数据总线与变速器控制单元连接，并与其交换数据。

8. 电动制冷压缩机

电动制冷压缩机包括以下三个主要部件。

1）DC/AC 变换器可将高电压车载电气系统的 120V 直流电压转换为交流电压，并将其供至三相电机。

2）三相电机用于驱动涡旋式压缩机。

3）涡旋式压缩机：该压缩机包括两个嵌套式蜗壳，其中一个是固定的，另一个可以在前者内部做圆周运动。在此过程中，蜗壳反复地相互接触，在卷绕中形成数个逐渐变小的腔室。这样，制冷剂得到压缩并进入这些腔室中，直至达到中心处排出。该部件如图 5-61 所示。

发动机控制单元随后通过 CAN I 促动电动制冷压缩机。在发动机停机时确保气候舒适性，在发动机停机时确保高电压动力电池的冷却。

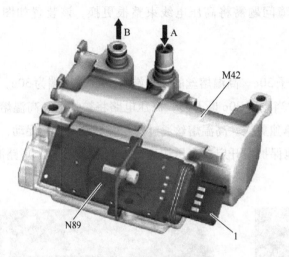

图 5-60　变速器油辅助泵

M42—电动变速器油泵　N89—变速器油辅助泵控制单元

1—电气插接器　A—吸入侧　B—推力侧

图 5-61　电动制冷压缩机

1—控制单元　2—电机　3—涡旋式压缩机

9. 动力电池冷却系统切断阀

动力电池冷却系统切断阀 Y19/1 位于刮水器连动杆下方区域，控制流向电池管理系统控制单元 N82/2 的制冷剂，由电池管理系统控制单元直接操纵，该装置如图 5-62 所示。

图 5-62　动力电池冷却系统切断阀

10. 动力电池冷却系统

电池管理系统控制单元对来自动力电池冷却液输入温度传感器（A100b1）、输出温度传感器（A100b3）、电池温度传感器（A100b2）的数据进行比较，评估动力电池温度状态，并在必要时通过发动机控制单元发出冷却液输出的请求。

发动机控制单元所发出的冷却液输出请求通过 CAN E 传送至中央网关控制单元 N93，该单元将请求通过 CAN B 继续传送至自动空调控制单元，后者则通过控制器局域网络 CAN 促动电动制冷剂压缩机，动力电池冷却系统切断阀 Y19/1 打开，制冷剂流经集成在动力电池模块 A100 中的蒸发器。如果动力电池电量过低，电动制冷剂压缩机的输出功率被调至 0。

当需要进行强劲加速时，电动制冷剂压缩机的输出功率也会被短时间（小于 10s）调至 0。动力电池冷却系统基本原理如图 5-63 所示。

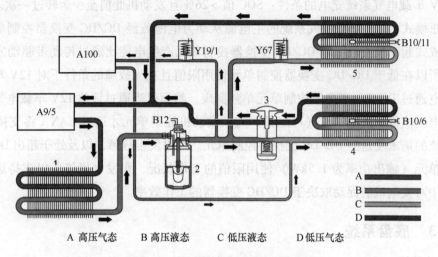

A 高压气态　　　B 高压液态　　　C 低压液态　　　D 低压气态

图 5-63　动力电池冷却系统基本原理

11. 混合动力系统的能量管理

（1）管理功能概述

发动机控制单元 N3/10 是混合动力系统能量管理的主控单元，负责协调混合动力驱动系统的能量流动，它具有以下功能。

1）计算和校准动力电池的充电状态（SOC）。

2）在动力电池、发动机和集成式起动机发电机 A79 处于临界条件的情况下，实施充、放电策略。

3）预测动力电池的电容量和最大有效输出。

4）控制高电压系统与 12V 车载电气系统之间的能量交换。

（2）计算动力电池充电水平

电池管理控制单元根据动力电池的电压、电流和温度数据计算动力电池的充电状态，并将数据发送至发动机控制单元。发动机控制单元根据这些数据计算 SOC 值，并以百分比（0%～100%）的形式将结果供给集成在控制器局域网络（CAN）中的其他控制单元。

（3）控制高电压系统与 12V 车载电气系统之间的能量交换

ME 控制单元中的能量管理模块不仅控制高电压系统中的能量流动，而且还控制电压变换以及高电压系统与 12V 车载电气系统的能量交换。ME 控制单元通过 CAN I 与 DC/DC 变换器控制单元进行通信，并通过 LIN Cl 与发电机进行通信。为保证持续地提供电能，DC/DC 变换器设计为双向直流变压器，产生高/低直流电，并在高电压系统与 12V 车载电气系统之间变换。如果发生例如电压超出工作范围的故障，或两个电池的充电水平均过低，则在无法进行补偿的情况下，DC/DC 变换器控制单元会进入待用模式。DC/DC 变换器控制单元可以工作，但并未激活。

（4）控制 12V 车载电气系统充电的功能顺序（降压模式）

给 12V 车载电气系统充电的条件：SOC 值 >26% 且发动机此前至少运转过一次。

在降压模式，12V 车载电气系统的主电源从动力电池流经 DC/DC 变换器控制单元。由于通过集成式起动机发电机和 DC/DC 变换器控制单元产生电能比通过传动带驱动发电机更为高效，所以在低于 DC/DC 变换器控制单元使用限值且在无故障的条件下对 12V 车载电气系统的供电通过 DC/DC 变换器控制单元单独实现。然而仅当通过评估 12V 车载电气系统电压而确定电压值低于最小电压（可配置）时，发动机控制单元才通过 CAN I 将支持 12V 车载电气系统的请求发送到 DC/DC 变换器控制单元。如果发生故障，以及处于超出 DC/DC 变换器控制单元（输出功率为 1.5kW）使用限值的工作状况，则发电机接通以支持运转的发动机，其中对发电机的促动取决于 DC/DC 变换器的工作效率。

5.3.3　底盘系统

1. 制动踏板

制动踏板角度传感器 837/1 利用霍尔传感器测量制动踏板的位置，并将信息以两个信号电压的形式传送到再生制动系统控制单元 N30/6。混合制动灯开关 S9/3 将制动踏板的促动信号传送到再生制动系统控制单元 N30/6。制动踏板系统的任务是记录驾驶人的制动意图、模拟踏板感觉（踏板力模拟器）、确保传统液压车轮制动器的基本功能。在正常工作情况下踏板阻力由踏板力模拟器产生。由于其设计方面的原因，再生制动系统的制动踏板（图 5-64）感觉可能与传统制动系统有所不同。

2. 制动助力器

发动机和电动真空泵均可以为制动助力器提供真空，RBS 制动助力器中的电磁阀是执行驾驶人制动意图的执行元件。该电磁阀由再生制动系统（RBS）控制单元以电子的方式促动。RBS 制动助力器中包括一个 RBS 真空传感器，可测量 RBS 制动助力器真空腔中的真空度。RBS 制动助力器中仍包括一个 RBS 膜片行程传感器，用于记录 RBS 制动助力器膜片板的位置，该装置如图 5-65 所示。

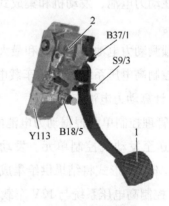

图 5-64　制动踏板

1—制动踏板　2—踏板阻力模拟器　B18/5—踏板阻力模拟器阀压力传感器　B37/1—踏板角度传感器　S9/3—混合动力制动灯开关
Y113—踏板阻力模拟器阀

3. 电动真空泵

电动真空泵（图 5-66）确保 RBS 制动助力器中有足够的真空，在起动/停止操作期间保持真空供应。发动机和真空泵（M56）均用于供给真空，电动真空泵由 RBS 控制单元促动，其控制线路如图 5-67 所示。

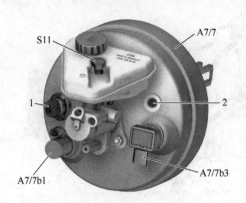

图 5-65 RBS 制动助力器

1—RBS 电磁阀的电气接头 2—真空管路接头 A7/7—RBS 制动
助力器 A7/7b1—RBS 膜片行程传感器 A7/7b3—真空传感器
S11—制动液液位指示器开关

图 5-66 电动真空泵

1—电气接头 2—电动真空出口接头
3—电机 4—泵单元

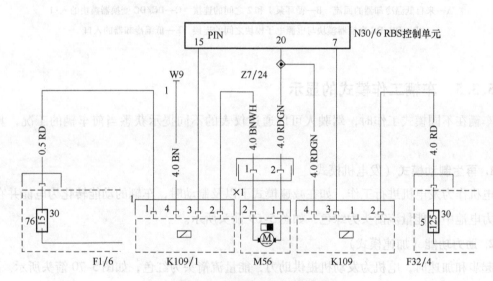

图 5-67 电动真空泵控制线路

5.3.4 低温冷却系统

混合动力低温冷却系统（图 5-68）所连接的混合动力部件为 DC/DC 变换器控制单元和 DC/AC 变换器控制单元，保持系统内冷却液温度为 60℃ 左右。DC/AC 变换器 N129/1 和 DC/DC 变换器 N83/1 共用独立于发动机冷却系统的低温冷却系统，该回路可保护上述控制单元免受过热损坏。点火接通时，循环泵 1 由电路通过循环泵 1 的继电器（K108）接通。循环泵 2 由 ME 控制单元通过循环泵 2 的继电器（K108/1）根据电源电子冷却系统中的冷却液温度接通。循环泵 1 和循环泵 2 位于右侧纵梁前端下方区域。

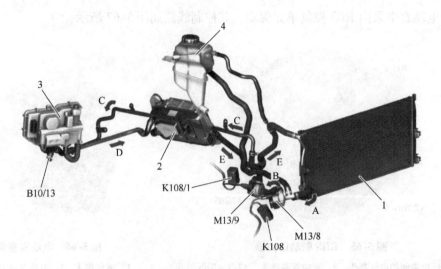

图 5-68　低温冷却系统

1—低温冷却器　2—DC/AC 变换器　3—DC/DC 变换器　4—膨胀水箱　B10/13—低温回路温度传感器

K108—循环泵 1 继电器　K108/1—循环泵 2 继电器　M13/8—循环泵 1　M13/9—循环泵 2

A—来自低温冷却器的回流　B—循环泵 1 和 2 之间的连接　C—DC/DC 变换器模块的入口

D—DC/DC 变换器模块与电源电子模块之间的连接　E—低温冷却器的入口

5.3.5　车辆工作模式的显示

车辆在不同模式工作时，驾驶人可以通过仪表的不同提示获悉当前车辆的工况，具体如下。

1. 再生制动模式（发电机模式）

电机作为发电机进行工作，如在减速模式下以及制动时，车辆的动能转化为电能并存储在动力电池中，能量流箭头为绿色，如图 5-69 箭头所示。

2. 助力功能（加速模式）

起步和加速时，电机为发动机提供助力，能量流箭头为红色，如图 5-70 箭头所示。

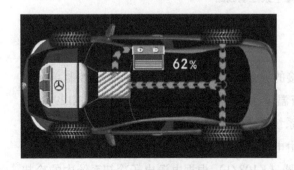

图 5-69　再生制动模式

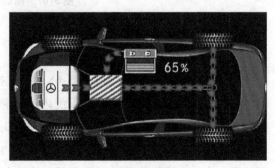

图 5-70　加速模式

3. 驾驶模式（发动机驱动）

发动机对车辆进行驱动，能量流箭头为白色，如图5-71箭头所示。

4. 车辆就绪的显示

如果混合动力系统一旦处于使用准备就绪状态，即会发出"READY"（C就绪）信息。

1）如果ECO（Ecology环保、Conservation节能、Optimization动力）起动/停止功能可用，则READY指示灯以绿色光点亮。

2）如果ECO起动/停止功能暂时不可用，则READY指示灯以黄色光点亮，如图5-72所示。

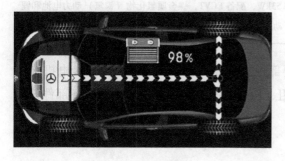

图5-71 驱动模式

图5-72 READY灯

5.4 丰田普锐斯

5.4.1 概述

丰田普锐斯是丰田汽车销售最成功的混合动力车型。该车搭载的THS（Toyota Hybrid System）丰田混合动力系统代表了丰田混合动力的最新技术。丰田普锐斯各代车型技术特点见表5-10。

表5-10 丰田普锐斯各代车型技术特点

车 型	上市时间	基本参数
	第一代 1997—2003年	1.5L直列四缸、自然吸气发动机，VVT-i可变正时气门技术，最大功率78kW，最大转矩102N·m。电机（288V）最大功率29kW，配备ECVT（电控无级变速器），镍金属氢化物（镍氢）动力电池组
	第二代 2003—2011年	1.5L直列四缸、自然吸气发动机，VVT-i可变正时气门技术，最大功率103kW，最大转矩115N·m，电机（500V）最大功率50kW，配备ECVT镍金属氢化物（镍氢）动力电池

（续）

车　　型	上市时间	基本参数
第三代 2009—2015 年	1.8L 直列四缸、自然吸气发动机，VVT-i 可变正时气门技术，最大功率 133kW，最大转矩 142N·m，电机（650V）最大功率 60kW，配备 ECVT，镍金属氢化物（镍氢）动力电池
第四代 2015 年后	1.8L 直列四缸、自然吸气发动机，VVT-i 可变正时气门技术，最大功率 133kW，最大转矩 142N·m，电机（650V）最大功率 53kW，配备 ECVT，镍金属氢化物（镍氢）动力电池和锂离子动力电池，电子百叶窗式进气格栅

  THS 系统属于混联式混合动力系统，主要部件有汽油发动机、永磁交流同步电机（电动机与发电机）、混合动力传动桥、动力电池组、功率控制单元、控制系统等，各部件位置如图 5-73 所示，THS 主要部件功能见表 5-11。

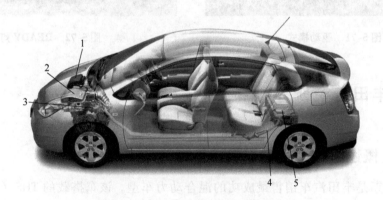

图 5-73　THS 各部件在车上的位置

1—发动机　2—功率控制单元（变频器）　3—混合动力传动桥
4—高压电缆　5—高压电池

表 5-11　THS 主要部件功能

部件总成	功　　能
	1.5L（第一代与第二代）、1.8L（第三代与第四代）阿特金森发动机通过可变配气相位系统实现了压缩比适当减小，但膨胀比却有所提升，从而实现更高的燃油经济性

（续）

部件总成	功　能
	混合动力传动桥包括电机和行星齿轮变速器，可以实现起动汽油发动机、使电机产生驱动转矩、为动力电池充电、为车载 12V 用电器供电、将转矩传递到驱动车轮等功能
	功率控制单元实现对动力电池的直流电与驱动电机、发电机的交流电进行最佳控制；根据车辆的运行情况与其他车载控制单元通信，切换工作模式（纯电动、混合动力、发动机单独驱动等模式）
	动力电池为电机提供工作电压，从第四代开始提供镍氢电池与锂电池可选
	电动空调压缩机为汽车空调压缩和输送制冷剂蒸汽
	高压电缆用来连接所有高压部件（动力电池、混合动力传动桥、功率控制单元、电动空调压缩机等）

5.4.2　阿特金森发动机

普锐斯的阿特金森（Atkinson）循环发动机基本构造和原理与丰田传统发动机并无太大

区别，故此处不再赘述。该发动机通过可变气门正时技术（简称VVT，通过电控装置可调节进、排气门开启及关闭的时间），通过延迟进气门关闭时间，使发动机实际的压缩行程从进气门关闭那一刻才开始，实现了膨胀比大于压缩比。由于做功行程更长，混合气燃烧能量能够得到更加充分的利用，最终达到更高的燃烧效率和更低的油耗表现，最新一代普锐斯发动机燃烧效率可以达到40%（这是目前内燃机最高的燃烧效率）。

该发动机的缺点是低速阶段转力不足，普锐斯将这款发动机搭载为混合动力，在起步、低速阶段由电机驱动，发动机只在油耗最优异的转速区间运转，用电机的大转矩弥补动力的缺陷，这样获得发动机最佳的动力性和经济性。目前该发动机已经发展到第二代，实物如图5-74所示，发动机技术参数见表5-12。

a) 1NZ-FXE　　　　　　　　　　　　b) 2ZR-FXE

图5-74　两代阿特金森发动机实物

表5-12　阿特金森发动机技术参数

发动机型号	2ZR-FXE		1NZ-FXE	
年款	第四代	第三代	第二代	第一代
排量/ml	1798		1497	
最大功率转速/kW/（r/min）	73/5200		57/5000	42
最大转矩转速/N·m/（r/min）	142/4000		115/4000	102
电机最大功率/kW	60		50	29
电机最大转矩/N·m	207		400	305

5.4.3　变速驱动桥与换档控制系统

1. 系统概述

普锐斯搭载的变速驱动桥称为E-CVT，内部代号为P410（第一、二、三代）、P610（第四代），主要由变速器（P410采用行星齿轮式，P610采用平行轴式）、电机MG1与MG2、减速器、外壳等部件构成。该变速器不具备传统变速器的离合器、液力变矩器、行星齿轮轴组等复杂机构，是专门为混动车型设计的动力分配机构。车辆采用了配备有水泵的MG1和MG2冷却系统，而且将其与发动机冷却系统分开，电源状态转换为IG时冷却系统工作。冷却系统的散热器集成在发动机的散热器中，使散热器的结构得到简化，空间也得到有效利用。下面以 P410 为例详细介绍其构造与工作原理。变速杆如图 5-75 所示，变速驱动桥如图 5-76 所示。

图 5-75　普锐斯变速杆

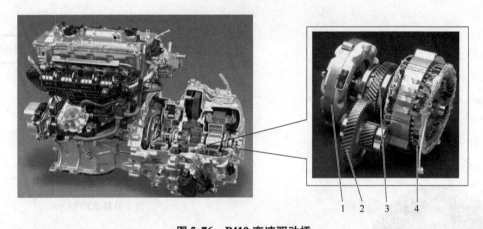

图 5-76　P410 变速驱动桥

1—电机 MG1　2—减速器齿轮组　3—行星齿轮组　4—电机 MG2

在变速器的行星齿轮组中，齿圈连接 MG2（2 号电机）和动力输出轴（与减速器齿轮啮合），行星齿轮架连接发动机的动力输出，太阳轮连接 MG1（1 号电机），通过一组行星齿轮把三个动力源连接起来，控制系统只要控制电机的不同转速即可获得不同的档位，控制电机的转向可以获得前进档和倒档，其基本结构如图 5-77 所示，电机技术参数见表 5-13。

表 5-13　电机技术参数

电　机	MG1	MG2
类　型	同步交流电机	
功能	发电机、起动机	电动机、发电机
额定电压/V	AC 500	
最大输出功率/转速 kW/（r/min）	37.8/9500	50/1200 ~ 1540
最大输出转矩/转速 N·m/（r/min）	45/0 ~ 6000	400/0 ~ 1200
最大转矩时的电流值/A	75	230
最高转速/（r/min）	10000	6700
冷却系统	水冷	

2. 车辆不同工况下的动力传递

普锐斯在运行中，在不同工况下发动机和电驱动系统均有不同的工作状态，具体如下。

（1）起动发动机（怠速运转）

按下起动按钮，MG1 起动（正转）并起动发动机，发动机起动后，怠速运转，汽油机带动行星架正向旋转，由于车轮（外齿圈）未转动，行星架（发动机）的正向旋转会通过行星齿轮而带动太阳轮（MG1）正向旋转。MG1 作为发电机工作，输出交流电，经功率控制单元的逆变器和电压变换器输出直流电，并给电池组充电，工作状态如图 5-78 所示。

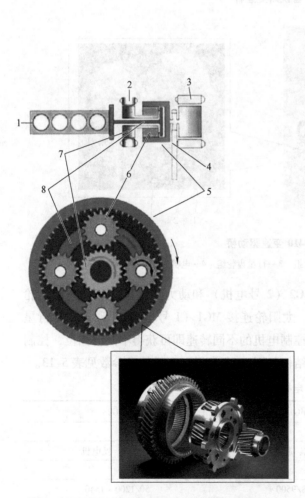

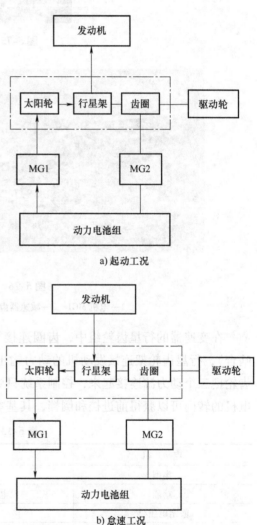

a）起动工况

b）怠速工况

图 5-78　发动机起动时工况

图 5-77　E-CVT 基本构造（P410）示意图

1—汽油发动机　2—电机 1（MG1）　3—电机 2（MG2）

4—主减速器齿轮（动力输出）　5—齿圈

6—行星齿轮　7—太阳轮　8—行星架

（2）起步

起步后，MG2 开始旋转，带动外齿圈开始正向转动，通过减速器驱动车轮前进。MG2 功率与加速踏板踏下程度成正比。若这时发动机不工作（纯电动模式起步），随着 MG2 转速增加，MG1 的转速也会急速增加。MG1 转速有上限，快达到上限时，发动机会起动进行干预。起步时踩加速踏板的力度越大，发动机介入的时间就越早（主动介入）。如加速踏板踩到底，发动机会立即点火。MG2 出现动力不足时，发动机也会立即起动介入，带动 MG1 发电供给 MG2 并同时为外齿圈提供动力（此时为发动机 + 电机的混动模式），工作状态如图 5-79、图 5-80 所示。

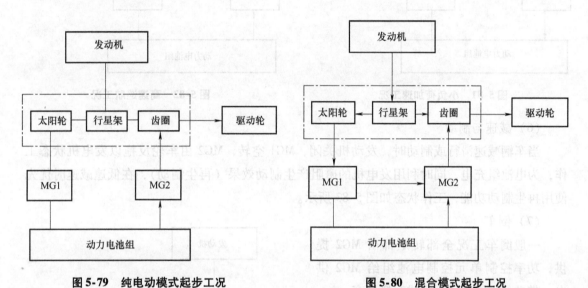

图 5-79　纯电动模式起步工况　　　　　图 5-80　混合模式起步工况

（3）小负荷加速

小负荷加速时，主要靠 MG2 推动车轮。随着 MG2 转速提升，发动机、MG1、MG2 速度逐渐达到一致，直到车辆达到目标速度，此时 MG1 继续向 MG2 供电并通过功率控制单元向动力电池充电，工作状态如图 5-81 所示。

（4）大负荷加速

大负荷加速时，若 MG2 动力不足，发动机转速将提升使得功率大大提升。在带动 MG1 发电的同时外齿圈获得的动力也将增加，同时电池组也会向 MG2 供电，最终获得合适的转矩驱动车轮行驶（动力传递方式与混合模式起步工况相同）。

（5）匀速行驶

匀速行驶时，车辆对动力和转矩的需求大大降低，此时 MG1 工作在电动机模式，使行星架与太阳轮同步工作，从而保证发动机的动力可以可靠地输出至驱动车轮。如果是高速巡航状态，则 MG2 以发电机状态工作，为 MG1 工作供电，工作状态如图 5-82 所示。

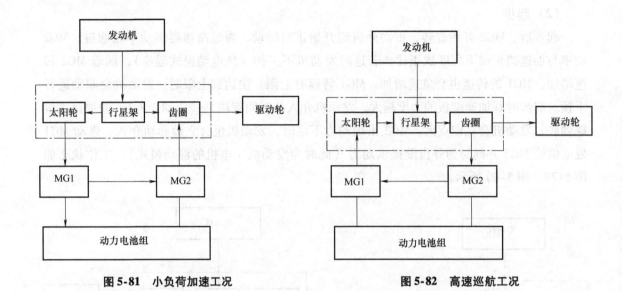

图 5-81 小负荷加速工况   图 5-82 高速巡航工况

（6）减速与制动

当车辆减速滑行或制动时，发动机关闭，MG1 空转，MG2 由车轮反拖以发电机状态工作，为电池组充电，同时利用发电机的磁阻产生制动效果（再生制动），在低速减速时优先使用再生制动功能，工作状态如图 5-83 所示。

（7）倒车

一般倒车工况全部转矩都由 MG2 提供，功率控制单元控制电池组给 MG2 供电，带动外齿圈反转，完成车辆倒车。

综上所述，在车辆行驶过程中，MG1、MG2、发动机的工作状态是功率控制单元根据车辆的具体运行状态不断切换的。

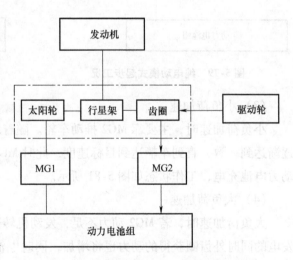

图 5-83 减速与制动时的能量再生工况

5.4.4 动力电池组

普锐斯从第四代开始有锂电池（图 5-84）和镍氢电池（图 5-85）两种配置选择，普锐斯所配置的锂电池组，重量较镍氢电池组轻约 16kg，在高配车型中采用。锂电池所提供的电压为 207.2V，镍氢电池组为 201.6V。电池管理系统框图如图 5-86 所示。

5.4.5 功率控制单元与控制系统

控制系统根据驾驶人的操作、车辆各系统的实时工作状态控制动力输出、动力电池组等部件的工作状态，各部件的控制过程简述如下。

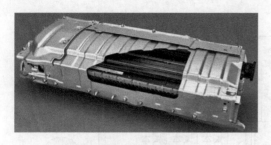

图 5-84　锂电池实物

图 5-85　镍氢电池实物

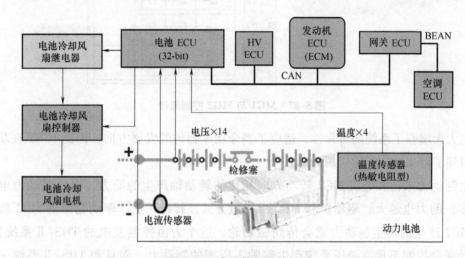

图 5-86　电池管理系统框图

1. MG1 与 MG2 的控制

MG1 和 MG2 电机都是高效的交流永磁铁同步电机，必要时作为辅助动力源为发动机提供辅助动力，使车辆达到较好的动态性能，起动再生制动后，MG2 将车辆的动力转换为电能并储存在动力电池中。MG1 为动力电池重新充电并为 MG2 供电。此外，通过调节发电量（改变电机的转速），MG1 有效地控制变速驱动桥的部分功能。MG1 还作为起动机起动发动机。新款车型采用了带有水泵的强制循环系统为 MG1 和 MG2 冷却。

MG1 和 MG2 的控制原理如图 5-87 所示。智能功率模块（Intelligent Power Module，IPM）内的绝缘栅双极晶体管（IGBT）在 ON 和 OFF 之间切换，为电机提供三相交流电。IGBT 本质上是一个场效应晶体管，它既具有功率管的高速开关及电压驱动特性，又具有双极晶体管的低饱和电压特性及易实现较大电流的能力。IGBT 是将功率管和电力电子半导体器件（GTR）集成在一个芯片上的复合器件。IGBT 和功率金属半场效晶体管一样，通过电压信号可以控制开通和关断动作。

IPM 是一种先进的功率开关器件，兼有 GTR（大 IGBT）高电流密度、低饱和电压和高耐压的优点，以及场效应晶体管高输入阻抗、高开关频率和低驱动功率的优点，而且 IPM 内部集成了逻辑、控制、检测和保护电路，使用方便，不仅减小了系统的体积，缩短了开发

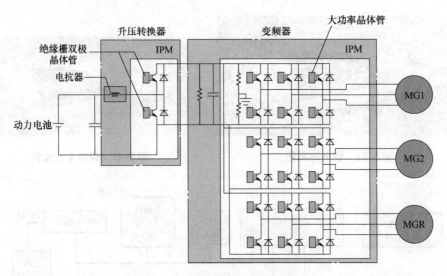

图 5-87　MG1 与 MG2 控制原理

时间，也大大增强了系统的可靠性，适应了当今功率器件的发展方向，因此 IGBT 在功率电子领域得到了越来越广泛的应用。

再生制动力来自和电机 MG2 转动方向相反的转动轴产生的助力，电机对动力电池充电量越多，助力也越大。驱动桥和 MG2 以机械方式连接在一起。驱动轮带动 MG2 转动而发电，MG2 产生的再生制动力就会传到驱动轮。这个力由控制发电的 THS-Ⅱ 系统控制。再生制动联合控制不单靠液压系统产生驾驶人所需的制动力，而且和 THS-Ⅱ 系统一起联合控制提供再生制动和液压制动的合制动力，这样的控制能够最大限度地减少正常液压制动的动能损失，并把这些动能转化为电能。THS-Ⅱ 系统上，MG2 的输出功率增大了再生制动力。另外，由于采用了制动力分配（EPB）系统，制动力的分配也得到了改善，从而有效地增加了再生制动的使用范围，这些提高了系统恢复电能的能力，从而提高了燃油经济性。

2. 解析器

丰田普锐斯中旋转变压器也称为解析器，它可精确检测磁极位置。解析器的定子有三个线圈，其基本结构如图 5-88 所示。

解析器的转子为椭圆形，定子与转子间的距离随转子的旋转而变化。交流电流进入励磁线圈，产生频率恒定的磁场。使用频率恒定的磁场，检测线圈将输出与转子位置对应的数据值（即电压值）。因此，驱动电机发电机 ECU（MG

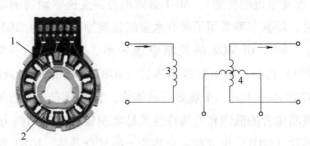

图 5-88　解析器基本构造

1—定子　2—转子　3—励磁线圈　4—检测线圈

ECU）根据检测线圈输出数据值之间的差异检测出绝对位置。此外，MG ECU 根据规定时间内位置的变化量计算转速。

3. 功率控制单元

功率控制单元（图 5-89）中集成了变频器、增压转换器、DC/DC 变换器、空调变频器等部件，各部件功用如下。

（1）变频器

变频器将动力电池的高压直流电转换为三相交流电来驱动 MG1 和 MG2，变频器内功率晶体管的起动由高压系统电控单元（HV ECU）控制。此外，变频器将用于把电流控制（如输出电流或电压）的信息传输到 HV ECU。变频器和 MG1、MG2 一起，由与发动机冷却系统分离的专用散热器冷却。如果车辆发生碰撞，则安装在变频器内部的熔断器检测到碰撞信号后关停系统。变频器总成中采用了增压转换器，用于将动力电池 DC 201.6V 的额定电压提升到 DC 500V（新款将动力电池 DC 201.6V 的额定电压提

图 5-89 功率控制单元实物

升到 DC 650V），电压提升后，变频器将直流电转换为交流电。MG1、MG2 桥电路（每个电路包含六个功率晶体管）和信号处的保护功能处理器已集成在 IPM 中用以提高车辆性能。变频器总成中的空调变频器为空调系统中的电动压缩机供电，将变频器散热器和发动机散热器集成为一体，更加合理地利用了发动机舱内的空间。变频器工作原理如图 5-90 所示。注意，大气压力传感器位于 MG ECU 板上，传感器检测大气压力并传输至 MG ECU，以便校正与使用环境相适应，其故障码（DTC）见表 5-14。

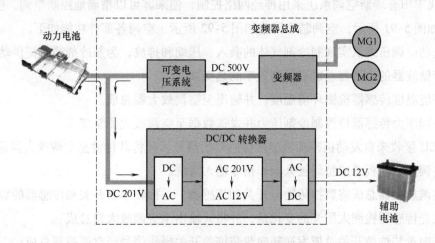

图 5-90 变频器工作原理

（2）增压转换器

增压转换器将动力电池输出的直流电额定电压 201.6V 增压到 500V 的最高电压。转换

器包括增压 IPM（集成功率模块），其中内置的 IGBT 进行转换控制，而反应器储存能量。通过使用这些组件，转换器将电压升高。MG1 或 MG2 作为发电机工作时，变频器通过其一将交流电 201.6～500V（第三代新款为 201.6～650V）转换为直流电，然后通过增压转换器将其降低到直流电 201.6V，为动力电池充电。

表 5-14　大气压力传感器故障码

故障码	检测项目	检测条件
P0069-273	歧管绝对压力-大气压力校正	变频器总成的大气压力传感器与歧管绝对压力传感器（用于 EGR 控制）测量值的差值超过规定范围，纯电动模式驾驶 3h 内会发生同样情况
P2228-268	大气压力传感器"A"电压低	大气压力传感器对地短路
P2229-269	大气压力传感器"A"电压高	大气压力传感器对 +B 短路或开路

（3）DC/DC 变换器

车辆的辅助设备，如车灯、音响系统、空调系统（除空调压缩机）和 ECU 等由 DC 12V 供电系统供电。由于 THS-Ⅱ发电机输出额定电压为 DC 201.6V，因此，需要转换器将这个电压降低到 DC 12V 来为蓄电池充电。

（4）空调变频器

变频器总成中的空调变频器将动力电池（丰田公司一般将高压动力电池称为 HV 蓄电池）的额定直流电（201.6V）转换为交流电（201.6V），为空调系统中的压缩机供电。

5.4.6　空调系统

第三代丰田普瑞斯空调系统采用神经网络控制，使乘客可以精确地控制空调，空调控制系统简图如图 5-91 所示，空调制冷回路如图 5-92 所示，空调各部件功能如下。

1）电动空调压缩机实现制冷剂气体的吸入、压缩和排放，为制冷剂循环提供动力。

2）带储液器的冷凝器总成提供高效率的热交换。

3）环境温度传感器检测环境温度，并输出至空调放大器总成。

4）空调压力传感器检测制冷剂压力并发送数据至空调放大器总成。

5）ECU 接收来自发动机冷却液温度传感器的信号，并将其传输至空调放大器总成。

6）空调控制面板总成将驾驶人操作指令输入系统。

7）空调放大器总成将数据传输至开关和传感器，并接收来自开关和传感器的数据。

8）阳光传感器检测太阳光的变化量，并将其输出至空调放大器总成。

9）转向盘装饰盖开关总成发送转向盘装饰盖开关操作信号至空调控制总成。

10）ECO 模式开关发送 ECO 模式开关操作信号至空调控制总成。

11）鼓风机分总成以适当的风速循环室内空气。

12）暖风散热器分总成加热通过暖风散热器分总成的空气。

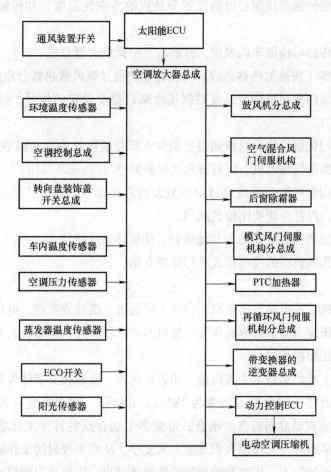

图 5-91　空调控制系统简图

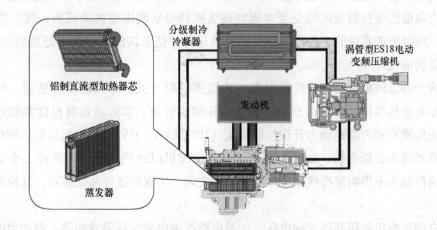

图 5-92　空调制冷回路

13）膨胀阀以雾化形式喷射制冷剂。

14）蒸发器分总成与通过蒸发器分总成的空气进行快速的热交换。

15）蒸发器温度传感器检测经过蒸发器分总成的冷空气温度，并传输数据至空调放大器总成。

16）车内温度传感器检测车内温度，并输出至空调放大器总成。

17）PTC加热器（快速加热器总成）可快速加热通过暖风散热器分总成的空气。

18）空气混合风门伺服机构分总成根据接收来自温度设定的信号，操作伺服电机打开和关闭空气混合风门。

19）再循环风门伺服机构分总成通过空调放大器总成接收来自新鲜空气/再循环选择器开关的操作信号，操作伺服电机，以打开和关闭新鲜空气/再循环风门。

20）模式风门伺服机构分总成通过空调放大器总成接收来自模式选择器开关的操作信号，操作伺服电机，以打开和关闭模式风门。

21）空气净化滤清器去除花粉和其他微粒，使循环空气清洁。

下面对该系统几项典型的控制模式进行详细介绍。

1. 压缩机控制

电动空调压缩机总成由涡旋压缩机、直流无刷电机、机油分离器、电机轴、空调变频器等组成。电动空调压缩机除了由电机作为压缩机的动力驱动外，压缩机的基本构造和工作原理与普通的涡旋式压缩机相同。

涡旋式压缩机主要由动静两个涡旋盘、防自转机构、主轴和支架体等零件组成。其中动静两个涡旋盘相对旋转一定角度（通常为180°），并错开一定距离后（该距离为主轴偏心距）对插在一起，实现动静涡旋盘的啮合，形成多个啮合点的月牙工作容积腔。随着主轴带动涡旋盘旋转，多组月牙工作腔容积逐渐由大变小，从而实现封闭工作腔容积的周期性变化，完成制冷剂蒸汽的吸入、压缩和排出的工作循环过程。压缩机内置机油分离器，能够分离与制冷剂混合在一起进入到制冷循环的压缩机机油，降低了机油循环率。电动空调压缩机将混合动力电池经变换器变频的交变电流空调变换器与空调压缩机集成为一体）作为压缩机的电源，所以空调系统的工作不依赖发动机的运行，使车辆能够提供更舒适的空调环境，并实现较低的油耗。

空调放大器总成根据目标蒸发器温度（由温度控制开关、车内温度传感器、环境温度传感器和阳光传感器信号计算得出）计算目标压缩机转速。实际蒸发器温度参数通过空调放大器总成传输给动力电池动力管理控制模块（HV ECU）。HV ECU根据目标压缩机转速控制空调变换器输出变频电压，从而控制电动变频压缩机以达到适合空调系统工作条件的转速，此转速控制在不影响制冷或除雾性能的范围之内，实现舒适性和低能耗，其控制原理如图5-93所示。

电动空调压缩机使用高压变频电压，如果电路线束中发生短路或断路，则动力电池动力管理控制模块会自动切断空调变频器电路，停止向压缩机的电机供电。

电动空调压缩机需要使用具有高绝缘性的ND-OIL11型润滑油，如果非ND-OIL11型润滑油混合在空调系统内循环，则绝缘性能就会大大降低，导致漏电故障。

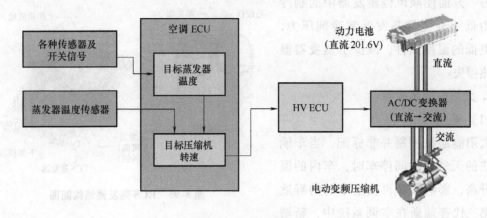

图 5-93 空调控制原理

2. 制冷量控制

第三代普瑞斯空调制冷系统采用了压缩/喷射空调器。它通过蒸发器上的喷射器，将常规制冷循环系统中产生涡流而导致的能量损失进行回收转换成压缩机的有用功，从而提高制冷循环系统的 COP 值（COP = 制冷能力/压缩机消耗动力），起到节能的效果。压缩/喷射制冷循环系统与常规制冷循环系统对比如图 5-94 所示。

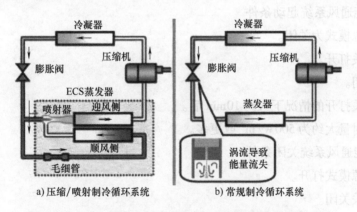

图 5-94 压缩/喷射制冷循环系统与常规制冷循环系统对比

3. 蒸发器

喷射循环系统（Ejector Cycle System，ECS）蒸发器（图 5-95）是由双层散热交换器（迎风侧和顺风侧）组成，喷射器安装在迎风侧散热器的制冷剂储液槽内，实现了一体化设计，无须配置连接机构，既保证耐压的厚壁结构，又减小了体积。

在压缩/喷射型空调制冷循环中，经冷凝器冷却的高压液态制冷剂，通过膨胀阀的节流分成两部分流向：其中一部分到顺风侧蒸发器吸热蒸发，并作为被吸流体进入喷射器；另一部分直接作为工作流体进入喷射器膨胀，将其势能转化成动能，并与被吸流体混合。再在喷射器扩压室内减速升压，将动能转换为势能，使进入迎风侧蒸发器吸热蒸发出来的制冷剂压力升高。喷射器的作用一方面是提高了压缩机入口制冷剂的压力，回收了部分节流损失能量；另一方面使顺风侧蒸发器中的制冷剂压力低于迎风侧蒸发器制冷剂压力，形成更低的温度条件，减少了蒸发器温差传热损失。

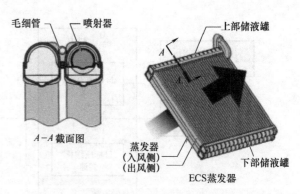

图 5-95　ECS 蒸发器结构简图

4. 太阳能通风控制

（1）概述

太阳能通风控制并非标配，当车辆在炎热的天气长时间停车时，车内的温度会升高，影响乘客再次上车时的舒适性。第三代普瑞斯在空调系统中，新增加了太阳能通风系统。停车后，太阳能通风系统被激活，排出车内高温气体来降低或抑制车内温度的升高。

太阳能通风系统是依靠太阳能电池组件吸收阳光产生电能，并向太阳能通风 ECU 和鼓风机电机提供电力。太阳能电池组由 36 片电池片组成，最大输出功率为 53W。太阳能电池组件在阳光照射量变大时输出电量增加；当阳光照射角度小、单位面积照射量减少时，输出电量减少；当太阳能电池组件温度变低，供电量增加。

（2）太阳能通风系统起动条件

① 车辆电源模式为关闭。

② 通风开关打开。

③ 电源关闭。

④ 通风开关打开的情况下大约 10min 后。

⑤ 阳光照射量大约为 $500W/m^2$ 或更多。

（3）太阳能通风系统关闭条件

① 车辆电源模式打开。

② 通风开关关闭。

③ 阳光照射量低于 $500W/m^2$。

④ 太阳能电池组件电压不高于 10V 或不低于 18V。

为了防止停车后车内冷气的流失，系统在电源开关关闭 10min 后开始运行。通风运行时鼓风机电机按照太阳能电池组产生的电量来运转，并且为了提供更好的通风条件，在电源开关关闭大约 1min 后，空调放大器开关选择空气流入模式为 FRESH（外循环），空气吹出模式为 FACE（面部）。当车辆电源打开后，空调放大器会恢复上次停机前的进气模式或吹风位置。

（4）太阳能通风系统检测的流程

① 需将车辆停在温度稳定、日照量充足的地方，并静置大约 10min。

② 通过智能检测仪菜单进行如下操作："车身电器"→"空调"→"数据流栏"，读取系统

数据。

③ 还可以通过测试模式激活鼓风机电机运转，检查太阳能 ECU 接收到的太阳能通风开关状态和太阳能 ECU 输出至鼓风机电机占空比状态。带有太阳能通风系统的空调滤清器的更换时间需相应缩短。

（5）空调的遥控起动

按下钥匙上的遥控空调开关，空调系统使用来自动力电池的电源自动控制空调运行，最长运行时间 3min。在驾乘人员进入车辆前，让空调系统发挥制冷功能。

注意：当满足电源模式为关闭、点火开关没有被打开、档位为 P 位、所有车门均关闭并锁止、发动机舱盖没有打开、制动踏板没有被踩下、防盗系统没有在报警状态、动力电池电量状态至少三格、空调操作设定了目标温度的条件时，按下并保持遥控空调控制开关 0.8s 或更长时间，才能起动遥控空调系统。

当上述遥控空调系统起动操作条件不满足时，运行大约 3min 之后停止。

（6）环保行驶（ECO）模式

按下控制面板上的 ECO 模式开关，按钮如图 5-96 所示，环保行驶模式被激活。ECO 行驶模式期间，空调放大器将空调系统性能限制在规定状态，从而提高燃油经济性。

图 5-96　ECO 模式按钮

5.5　奥迪 Q5 Hybrid

5.5.1　概述

奥迪 Q5 Hybrid quattro 是奥迪公司第一款高级 SUV 级的完全混合动力汽车，第一代于 2012 年 6 月上市。该车的混合动力系统采用的是比较传统的并联式结构，由一台高功率 2.0 TFSI 发动机（155kW/350N·m）和一台最大功率 40kW 的电机组成，系统的最大功率可达 180kW（245 马力），最大转矩达 480N·m。变速器则是采埃孚（ZF）公司专为混合动力车型提供的 8 速手自一体变速器，在组合仪表板上带有功率表和 Hybrid 显示，发动机舱内的装饰盖板上、翼子板等位置有"Hybrid"字符，MMI 系统上有 Hybrid 显示内容，EV 模式开关和带有 tip-S 功能的换档操纵机构都是奥迪 Q5 Hybrid quattro 不同于传统内燃机汽车的特别之处。

5.5.2　2.0L TFSI 发动机

奥迪 Q5 Hybrid quattro 搭载了型号为 CHJA 的 2.0L 涡轮增压汽油发动机，实物如

图5-97所示，发动机技术参数见表5-15，
拥有AVS（奥迪两级可变正时控制系统），
最大功率为155kW，最大转矩为350N·m，
与传统燃油发动机Q5车型是一致的。和汽
油机匹配的是永磁同步电机，它由锂离子电
池组供电，输出功率可达40kW，转矩可达
210N·m，在车辆运行过程中，既起到电动
机、起动机的作用，又能在减速过程中充当
发电机。而为其提供和储存电量的锂离子电
池组包括72个电池单元，在266V的电压下
能够以39kW的功率持续输出1.3kW/h的

图5-97 CHJA发动机

电量。在汽油机和电机共同参与工作时，车辆最大功率为180kW，可输出的最大转矩为
480N·m。

表5-15 发动机技术参数

参　　数	数　据　值
结构形式	四缸直列发动机＋三相交流电机
排量/cm³	1984
内燃机功率kW（马力）/转速（r/min）	155（211）/4300～6000
系统功率/kW（马力）	180（245）
发动机转矩/N·m	350/1500～4200
系统转矩/N·m	480
每缸气门数	4
行程/mm	92.8
缸径/mm	82.5
纯电力驱动时的最高车速/(km/h)	100
压缩比	9.6:1
传动系统	8-档自动变速器，quattro
发动机管理系统型号	MED 17.1.1
建议燃油型号	高级无铅汽油 ROZ 95
排放标准	欧五

与传统燃油发动机的奥迪Q5比较，该发动机有如下变化。

（1）省去了带传动机构

由于省去了辅助装置的带传动机构，本车开发了一种新的辅助装置支架。曲轴上的带轮
仍保留，作为减振器使用。

（2）冷却系统

冷却系统有扩展，多了一个低温冷却循环回路。发动机控制系统实现了创新温度管理，目的是通过改进车辆热平衡，进一步降低油耗和 CO_2 排放。所谓改进热平衡，是指将所有受热部件和连接在冷却系统上的部件（如发动机或变速器）温度保持在能使其效率最佳的范围内。

冷却系统分为低温循环和高温循环两部分，如图 5-98 所示，在发动机不工作时，冷却液是由电动冷却液泵来循环的。

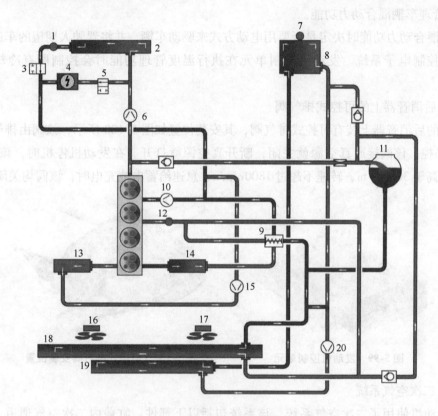

图 5-98　冷却循环系统

1、7—放气螺塞　2—暖风热交换器　3—冷却液截止阀 1　4—电驱动装置电机　5—冷却液截止阀 2

6—高温循环冷却液泵　8—电动机构功率和控制装置　9—特性曲线控制的发动机冷却系统节温器

10—冷却液泵　11—冷却液膨胀罐　12—冷却液温度传感器　13—废气涡轮增压器

14—发动机机油冷却器　15—冷却液续动泵　16、17—散热器风扇控制单元

18—高温循环散热器　19—低温循环散热器　20—低温循环冷却液泵

1）高温循环部分包括以下组件：暖风热交换器、冷却液截止阀 N82、电驱动装置电机 V141、高温循环冷却液泵 V467、冷却液泵、废气涡轮增压器、发动机机油冷却器、冷却液温度传感器 G62、特性曲线控制的发动机冷却系统节温器 F265、冷却液续动泵 V51、高温循环散热器、变速器机油冷却器。

2）低温循环部分包括以下组件：电驱动装置的功率控制电子装置 JX1、低温循环冷却液泵 V468、低温循环散热器。

（3）发动机控制单元

发动机控制单元（J623）采用了版本号为 MED 17.1.1 的管理系统，实物如图 5-99 所示，其可以实现的功能如下。

1）控制发动机工作。

2）控制温度管理系统。

3）管理车辆混合动力功能。

管理混合动力功能时决定是否要用电动方式来驱动车辆，并将驾驶人期望的车速信号传送至功率控制电子系统。发动机控制单元在执行温度管理功能时会控制所有冷却液循环过程。

（4）后消音器上的可控式排气阀

左侧的后消音器上装有可控式排气阀，其安装位置如图 5-100 所示，该阀由排气控制阀 N321 来操控。该阀接通真空源就关闭，断开真空源就打开。在发动机停机时，该阀打开；在转矩不高于 300N·m、转速不超过 1800r/min、怠速给蓄电池充电时，该阀均关闭。

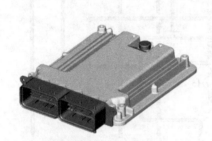

图 5-99　发动机控制单元　　　图 5-100　可控式排气阀安装位置

（5）二次空气系统

该发动机使用了二次空气系统，该系统包括以下部件：缸盖内二次空气通道、二次空气泵继电器 J299、二次空气泵电机 V101、二次空气进气阀 N112、二次空气压力传感器 G60。

5.5.3　底盘系统

1. 变速器

奥迪 Q5 Hybrid quattro 搭载采埃孚（ZF）专门为并联式混合动力系统设计的 8 速自动变速器，该变速器取消了传统的液力变矩器结构，将电机、转矩减振器、分离离合器集成模块安装在之前液力变矩器的位置，并安装了大功率电机。由于分离离合器能够将电机和发动机完全断开，因此可以实现发动机、电机各自单独驱动车辆，同时也可以合力驱动车辆的"并联"式混合动力方式。多片式离合器（离合器 K0）与电机合成为一个模块，该模块取代了变矩器，安装在自动变速器的结构空间处。这个多片式离合器浸在油中工作，它用于将发动机与电机断开或连接上。由于取消了变矩器，另一个离合器 K1 就用于起步了，两个离合器在车辆不同运行状态时的工作情况见表 5-16。

表 5-16　离合器工况

行 驶 状 态	离合器 K0	离合器 K1
发动机起动	接合	未接合
纯电力驱动	未接合	接合
能量回收	未接合	接合
发动机驱动车辆行驶	接合	接合
发动机怠速运转	接合	未接合
电动加速	接合	接合
车辆滑行（无能量回收）	未接合	未接合
车辆滑行（有能量回收）	未接合	接合

为了能在电机不工作时润滑自动变速器，并为液压操纵机构建立起必要的机油压力，该车安装了一个变速器机油辅助液压泵 1-V475，温度较低时该泵可能无法建立起所需要的压力。

2. 制动真空泵

由于车辆可能在发动机不工作时运行，为了能在这期间获得足够的真空助力效果，车辆上配备了电动制动真空泵 V192（图 5-101），它固定在车身电子稳定系统（ESP）总成的前面，该泵可以在发动机关闭期间，为制动助力器提供足够的真空。制动真空泵 V192 由发动机控制单元 J623 通过继电器 J318 来控制。制动助力压力传感器 G294 信号触发该泵。

图 5-101　制动真空泵

3. 制动踏板位置传感器

制动踏板位置传感器 G100 连接在发动机控制单元上。发动机控制单元通过制动踏板位置传感器 G100 的信号来操控电力制动（能量回收）；ESP 总成通过制动踏板位置传感器 G100 的信号来操控液压制动。制动踏板在制动助力器上有一个约 9mm 的空行程。在这段空行程中，是纯电力制动的，制动时可以很好地过渡到液压制动。

在更换了制动踏板位置传感器或者是更换了发动机控制单元时，必须使制动踏板位置传感器 G100 与发动机控制单元之间自适应。

4. ESP

奥迪 Q5 Hybrid quattro 上的 ESP 总成结构与传统发动机 Q5 上是相同的，但是软件方面就混合动力发动机牵引转矩调节功能做了相应扩展。在电力制动能量回收时，出于稳定考虑不会令制动压力卸压，因此发动机控制单元在需要时会调节驱动转矩，如在 D 档位时关闭 ESP 或接通坡路起步辅助功能，在车辆行驶过程中发动机将一直都处于工作状态。

5.5.4 混合动力系统中的高压与控制部分

奥迪 Q5 Hybrid quattro 的高压系统部件如图 5-102 所示。

混合动力的高压电池单元 AX1（图 5-103）在行李箱内备胎坑中，主要由动力电池 A38、电池调节控制单元 J840、高压线束接口 PX1、12V 车载电网接口、保养插头接口 TW、安全插头接口 TV44 等部件构成。在动力电池壳体内，集成有冷却空气通道和接口，气体通气管用于在动力电池有故障时将溢出的气体引至车底部位。动力电池参数见表 5-17。

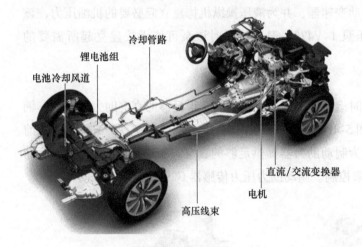

图 5-102　奥迪 Q5 Hybrid quattro 高压系统部件

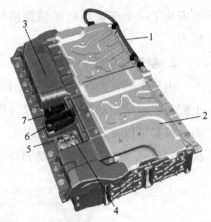

图 5-103　混合动力的高压电池单元 AX1

1—有害气体通气管　2—混合动力电池单元 AX1（带有动力电池 A38）　3—电池调节控制单元 J840　4—高压线束接口 PX1　5—安全插头 TV44　6—高压系统保养插头接口 TW　7—12V 车载网络接口

表 5-17　动力电池参数

项　目	参　数
额定电压/V	266
单体电压/V	3.7
单体电池数量	72（串联的）

（续）

项　　目	参　　数
容量/A·h	5，0
总能量/kW·h	1，3
功率/kW	最大 40
重量/kg	38

（1）动力电池调节控制单元 J840

AN 总线和驱动 CAN 总线相连。J840 检测动力电池的温度并通过电池冷却模块来调节动力电池冷却状况，另外监控充电状态、单体电池电压等信息，将这些信息通过混合动力CAN 总线传至发动机控制单元 J623。

控制单元 J840 使用一个电流信号送入安全线，安全线是一条环形线，它穿过所有的高压部件，通过这个信号控制单元记录了所有与动力电池有关的数据，可以在动力电池深度放电或过热等故障出现后更确切地查明问题所在。

动力电池通过高压触点与其他高压部件连接，并且可以断开，有正、负极触点各一个。一旦 15 号线接通，动力电池调节控制单元 J840 会立即接通高压触点。如果为动力电池调节控制单元 J840 供电的 12V 电压中断，则高压触点就会断开。

在点火开关已关闭、安全线已切断、安全带张紧器已触发、安全气囊已触发，或两个12V 蓄电池（奥迪 Q5 混合动力汽车装备了两个 12V 蓄电池）在"15 号线接通"的情况下已与车载网络断开等情况下，高压触点由动力电池调节控制单元 J840 控制断开。

（2）动力电池 A38

在混合动力电池单元 AX1 内还集成了动力电池 A38，它有一个电流传感器用于在充电和放电时检测电流，另有传感器用于监测高压触点前、后的电压。高压触点在"15 号线接通"的情况下是闭合的（接通的）；在"15 号线关闭"的情况下或者有碰撞信号时，高压触点是断开的。动力电池的充电状态保持在 30% ~ 80% 之间，充电情况的这种限制，可以明显提高动力电池的寿命。组合仪表上的动力电池显示是以 0% 或 100% 来显示的。充电状态作为一个信息被放置在混合动力 CAN 总线上。

在达到起动能力最低极限值（动力电池充电量低于 25%）或没能起动发动机时，发动机控制单元会给仪表显示发送一个信息，仪表板就会显示"车辆现在无法起动"。在纯电力驱动行驶时，动力电池给高压电网和 12V 车载电网同时供电。

（3）高压系统保养插头 TW

该插头是动力电池两个部分之间的连接装置，如果拔下它，则这两部分的连接就断开了。如果在高压部件上或者在高压部件附近动用车削工具、成型工具或棱角锋利的工具，则必须拔下该插头。如要切断电源（停电），需在奥迪专用诊断仪中进行相应操作。

在操作中如果要断开或者接通保养插头，需按如下操作进行：关闭点火开关，打开行李箱内的高压系统保养盖板。这个保养插头就在混合动力电池单元 AX1 上的橘黄色橡胶盖下，因此必须先移开橡胶盖（图 5-104），然后按图 5-105 ~ 图 5-107 顺序操作拔下保养插头。

图 5-104　移开橡胶盖

图 5-105　拔下保养插头步骤 1

图 5-106　拔下保养插头步骤 2

图 5-107　拔下保养插头步骤 3

（4）动力电池冷却系统

动力电池在充电时，其化学反应过程与放电时是相反的，在这个热力学过程中会放出热量，这就导致动力电池变热了。由于奥迪 Q5 Hybrid quattro 上的动力电池总是在不断地充电、放电，那么它所产生的热量就会很大，除了导致动力电池老化外，最严重的是使相关导体上的电阻增大，这会导致电能不转换为功，而是转换成热量释放掉了。因此，动力电池有一个冷却模块，该模块上有蒸发器，并连接在电动空调压缩机的冷却液循环管路上，如图 5-108 所示。该冷却模块使用 12V 车载电网电压工作。

冷却模块的部件包括动力电池风扇 1V457、混合动力电池循环空气翻板 1 的伺服电机 V479、混合动力电池循环空气翻板 2 的伺服电机 V480、混合动力电池蒸发器前的温度传感器 G756、混合动力电池蒸发器后的温度传感器 G757、混合动力电池冷却液截止阀 1 N516、混合动力电池冷却液截止阀 2 N517 等部件。

另外，在混合动力电池壳体与动力电池两个部分之间，安装了六个温度传感器，每个传感器都位于冷却模块上的动力电池冷却空气入口或出口处。如果动力电池管理控制单元通过蒸发器前传感器 G756 或者蒸发器后传感器 G757，探测到动力电池的温度过高，则控制单元就会接通风扇 V457。控制单元内设置了冷却功能模型，根据具体温度情况，在蒸发器工作时可从新鲜空气模式切换为循环空气模式。发往自动空调控制单元 J255 的冷却功率请求分为三级，鼓风机转速由动力电池调节控制单元 J840 通过 LIN 总线来控制。

图 5-108　冷却模块

1—蒸发器　2—风扇 V757　3—冷却液截止阀 N516　4—温度传感器 G756　5—伺服电机 V479
6—风扇 V457　7—伺服电机 V480

在新鲜空气工作模式时，风扇 V457 从备胎坑内抽入空气，空气经蒸发器被引入到动力电池，热空气经后保险杠下方被引出。在循环空气工作模式时，循环空气翻板 1 和 2 都是关闭的，不会吸入新鲜空气。在需要时，控制单元 J840 将请求信息通过 CAN 总线发送给空调控制单元，以便接通电动空调压缩机 V470。动力电池风扇 1 V457、混合动力电池循环空气翻板 1 的伺服电机 V479 和混合动力电池循环空气翻板 2 的伺服电机 V480 由控制单元经 LIN 总线来调节。伺服电机 V479 和 V480 是串联的。混合动力电池冷却液截止阀 1- N516 在未通电时是关闭的，它控制去往混合动力电池空调器的冷却液液流。冷却液截止阀 2 N517 在未通电时是打开着的，它控制去往车内空调器的冷却液液流。冷却模块有一个维修位置，以便能接触到 12V 蓄电池。

（5）电驱动装置的功率控制电子系统 JX1

电驱动装置的功率控制电子系统 JX1（图 5-109）由电驱动控制单元 J841、交流电驱动装置 VX54、牵引电机逆变器 A37、变压器 A19 和中间电容器 1- C25 组成。电驱动控制单元 J841 既和混合动力 CAN 总线通信，也和驱动 CAN- 总线通信。

牵引电机逆变器 A37（双向脉冲式逆变器）将动力电池的直流电转换成三相交流电，供交流电机使用，在能量回收和发电机工况时，它可将三相交流电转换成直流电，用于给动力电池充电，其转速是通过改变频率来进行调节的，例如在转速为 1000r/min 时，供电频率约为 267Hz，其转矩是通过脉冲宽度调制来进行调节的。

DC/DC 变换器 A19 用于将动力电池 (266V) 的直流电压转换成较低的车载电网用直流电压 (12V)。中间电容器 1-C25 用作电机的蓄能器。在 "15 号线关闭" 或者高压系统切断（因有撞车信号）时，该中间电容器会主动放电。由于这个 DC/DC 变换器可双向工作，因此它也能将较低的车载电网电压 (12V) 转换成动力电池的高电压 (266V)。该功能用于跨接起动（给动力电池充电）。

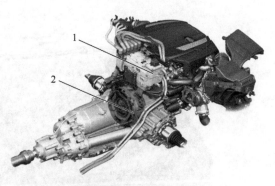

图 5-109　电驱动装置的功率控制电子系统 JX1
1—电驱动装置的功率控制电子系统 JX1
2—电驱动装置的电机 V141

空调压缩机直接连接在高压直流电功率控制电子装置上。因用于连接空调压缩机导线的横截面积小于从动力电池到功率控制电子装置导线的横截面积，所以在功率控制电子装置内集成了一个 30A 的空调压缩机熔丝。在能量回收或发电机工况时，压缩机由功率控制电子装置供电。只有在电驱动车辆行驶时，压缩机才由动力电池供电。

功率控制电子装置有低温循环管路，该管路连接在发动机冷却循环管路的冷却液膨胀罐上。冷却液通过低温循环冷却液泵按需要进行循环，低温循环管路是温度管理功能的一个组成部分，发动机控制单元负责触发该泵。

在电驱动车辆行驶时，发动机控制单元为功率控制电子装置提供关于能量回收、发电机模式和车速方面的信息。功率控制电子装置通过电驱动装置位置传感器 1-G713 来检查转子的转速和位置，用电驱动装置温度传感器 1-G712 来检查电驱动装置电机 V141 的冷却液温度。

（6）电驱动装置电机 V141

电驱动装置电机安装在 2.0L TFSI 发动机和 8 档自动变速器之间的空隙处。该电机是永久励磁同步电机，由一个三相磁场来驱动，其转子上装备有永久磁铁。电驱动装置电机 V141 集成在三相交流驱动装置 VX54 内。电驱动装置电机由电驱动控制单元 J841 和电驱动功率控制电子系统 JX1 来控制，通过改变频率来调节转速，通过脉冲宽度调制来调节转矩，通过功率控制电子系统来将 266V 的直流电转换成三相交流电。

电驱动装置电机用于起动发动机和在发电机模式时借助于电驱动功率控制电子系统 JX1 内的 DC/DC 变换器来给动力电池和 12V 蓄电池充电，同时可使用这个电驱动装置电机以纯电动方式驱动车辆行驶（但是车速和续驶里程是受限制的），且该电机可在车辆加速时给发动机提供助力。如果混合动力管理器识别出电驱动装置电机输出功率足够用于驱动车辆行驶，那么发动机就关闭了。

电驱动装置电机是水冷式的，它集成在发动机的高温循环管路上。冷却液是由高温循环管路冷却液泵 V467 根据需要进行调节的（分三档），该泵由发动机控制单元 J632 进行控制。电驱动装置温度传感器1-G712是个NTC电阻，它用来测量电驱动装置电机线圈间的温度，如果温度高于200℃，则电驱动装置电机的功率就被降至零（在发电机模式和电驱动行驶时）。重新起动发动机取决于电驱动装置电机的温度情况，必要时可通过12V起动机起动。

电驱动装置电机V141（图5-110）主要由铸造铝壳体、内置转子（装备有永久磁铁）、带有电磁线圈的定子、轴承盖（用于连接到自动变速器的变矩器上）、分离离合器、三相动力接头等部件构成。

（7）电驱动装置温度传感器1-G712与电驱动装置位置传感器1-G713

电驱动装置温度传感器1-G712用于测量电驱动装置电机线圈间的温度，通过温度模型判断该电机的最热点，这个温度传感器的信号用于控制高温循环的冷却能力。冷却循环管路是创新温度管理的组件，通过一个电动冷却液辅助泵和接通发动机的冷却液泵，可实现让冷却液从静止（不流动）到最大冷却能力之间的调节，如果出现故障，组合仪表上就会显示黄色的混合

图5-110　电驱动装置电机V141

1—冷却水套　2—动力接头　3—轴承盖
4—分离离合器K0　5—定子　6—转子

动力系统警告灯，若此时车辆无法重新起动，可以继续靠发动机工作来行驶，直至12V蓄电池没电。

由于自带转速传感器的发动机在以电动模式工作时，与电驱动装置电机是断开的，因此电驱动装置电机需要有自己的传感器（即电驱动装置位置传感器1-G713），以便用于监测转子位置和转子转速，为此，在电驱动装置电机内集成了一个转速传感器。发动机管理系统和变速器管理系统根据这个传感器传来的信号，判断电驱动装置电机是否转动以及转速值。该信号用于控制电机做发电机使用、电机做电机使用、电机做发动机的起动机使用等功能。两个传感器集成安装，位置如图5-111所示。

（8）高压导线

高压装置的导线与其他车载电网和12V电气系统用的导线是有明显区别的。由于电压高、电流大，高压装置导线的横截面积要明显大一些，且使用专用的插头触点来连

电驱动装置温度传感器
G712与位置传感器G713

图5-111　电驱动装置温度传感器和位置传感器的安装位置

接。为了让相关人员注意高压电的危险性，高压装置的所有导线都是橙色的，高压导线如图 5-112 所示，其断面形状如图 5-113 所示。

高压导线

图 5-112　高压导线

图 5-113　高压导线的断面形状

（9）车辆电控系统

车辆的电子控制系统如图 5-114、图 5-115 所示。

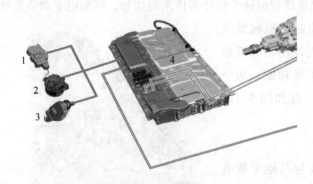

图 5-114　电子控制系统图 1

1—混合动力电池循环空气翻板 1 的伺服电机　2—动力电池风扇 1

3—混合动力电池循环空气翻板 2 的伺服电机　4—混合动力电池单元

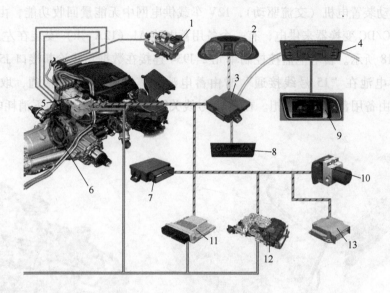

图 5-115 电子控制系统图 2

1—电动空调压缩机 2—仪表板 3—J533 4—信息电子控制单元 5—电驱动控制单元 6—V141
7—电机械式驻车制动器 8—自动空调控制单元 9—MMI-显示器 10—ABS 控制单元
11—发动机控制单元 12—自动变速器控制单元 13—安全气囊控制单元

5.5.5 空调系统

奥迪 Q5 Hybrid quattro 不再使用带驱动的空调压缩机，而使用电动空调压缩机 V470。该压缩机使用高压回路的电压来工作，并连接在功率控制电子装置上。在电动空调压缩机 V470 上，集成有空调压缩机控制单元 J842。该控制单元连接在扩展 CAN 总线上，转速是通过脉冲宽度调制（PWM）信号来调节的。

该压缩机由自动空调控制单元 J255 来激活，"OFF" 或者 "AC 关闭" 功能只会影响到为车内制冷的空调。而对动力电池进行冷却是单独激活该压缩机的（不依赖于自动空调控制单元 J255）。此空调系统还安装了柴油发动机上常见的、用于空气辅助加热器 Z35 的 PTC（正温度系数）加热元件。空气辅助加热控制单元 J604 负责操控小循环继电器 J359 和大循环继电器 J360。空调制冷系统构成如图 5-116 所示。

电动空调压缩机 V470 如图 5-117 所示，是用螺栓拧在缸体上的，它通过高压线与功率控制电子装置连接。该高压线与其他高压线不同，它有一个用于高压的双圆形触点和两个用于安全线的触点。

5.5.6 12V 车身电气部分

1. 系统概述

与传统发动机的奥迪 Q5 车相比，混动车型的 12V 车载供电网取消了交流发电机，取而代之的是电驱动装置电机（交流驱动），12V车载供电网中无能量回收功能，由功率控制电子装置中的DC/DC变换器来供电，有一个备用蓄电池A1（12A·h）安装在左后侧围板内，位置如图5-118所示。蓄电池监控控制单元2-J934连接在数据总线诊断接口J533的LIN总线上，备用蓄电池在"15号线接通"时由蓄电池分离继电器J7来接通，取消了稳压器J532，其功能由备用蓄电池来承担。在"15号线关闭"时，备用蓄电池不消耗电流。

图5-116　空调制冷系统

图5-117　电动空调压缩机V470

1—冷凝器　2—电动空调压缩机V470　3—管路

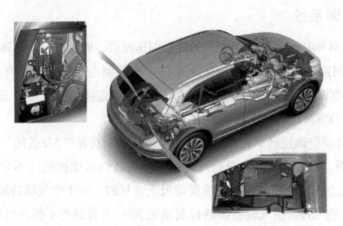

图5-118　12V蓄电池（左侧为A1，右侧为A）

2. 系统部件

（1）12V辅助起动机

辅助起动机只在特定情况下用于起动发动机，此时蓄电池A（68A·h）就由发动机控制单元通过起动蓄电池转换继电器J580来与车载供电网断开，以便将全部能量都用于起动机。断开后的车载电网由备用蓄电池A1和DC/DC变换器来供电。要想使用这个12V辅助起动机，备用蓄电池的温度不能低于0℃。如果高压系统无法使用，也无法使用12V辅助起动机。

（2）仪表信息显示

为了更好地为驾驶人提供车辆信息，同时也为了驾驶人能更好地驾驶车辆，奥迪 Q5 Hybrid quattro 与传统燃油发动机 Q5 车型相比装备了功率表（取代了转速表）、组合仪表显示、MMI 显示屏显示、动力电池充电状态显示（取代了冷却液温度显示）、电驱动优先切换按钮 E709 等设备。在行车过程中，功率表上会显示各种车辆状态、混合动力系统的动力输出情况或者充电功率情况，如图 5-119 所示。

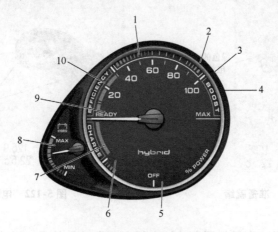

图 5-119　功率表上的显示

1—经济行车（部分负荷范围）　2—全负荷范围　3—内燃机100%

4—电驱动电机在发动机达到最大转矩时另提供助力

5—"15 号线关闭" 或 "15 号线接通" 和 "50 号线关闭"

6—液压制动器通过能量回收另增的回收能量　7—通过能量回收而回收的能量（制动和滑行）

8—动力电池的充电状态

9—车辆准备就绪 "Hybrid Ready" 及 "15 号线接通" 且 "50 号线接通"

10—电动行驶（可起动发动机）或混合动力形式

如果高压系统有故障，那么组合仪表显示屏上的警告灯会点亮，该警告灯可能以黄色或红色亮起。根据高压系统的故障类型，会显示相应的颜色和提示文字，如图 5-120 所示，其中黄色警告灯亮起时仪表文字会提示 Hybridantrieb（混合动力驱动装置）、Systemstörung（系统故障）、Bitte Service aufsuchen（请寻求服务站帮助），此时车辆仍能使用发动机来驱动车辆继续行驶。红色警告灯亮起时仪表提示 Hybridantrieb（混合动力驱动装置）、Systemstörung!（系统故障!）、Ausfall Lenk- und Bremsunterstützungmöglich（转向助力和制动助力可能失灵），此时车辆无法行驶。

图 5-120　警告灯

组合仪表的显示屏上可以显示当前车辆的工作状态，分为下列几种情况。

1）如图5-121所示，表示混合动力系统已经准备就绪、可以工作了。

2）如图5-122所示，表示使用电机来驱动车辆行驶，动力电池符号和远离车轮的绿色箭头表示正在用动力电池来驱动且电驱动电机正在工作。

图5-121　准备就绪

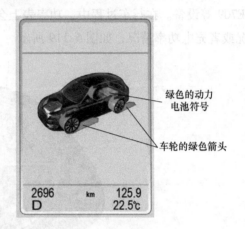

图5-122　电驱动

3）如图5-123所示，表示仅用发动机来行车，发动机符号、动力电池符号和远离车轮的黄色箭头表示正以发动机来驱动车辆行驶。

4）如图5-124所示，表示同时使用电驱动和发动机来行车，发动机符号、动力电池符号和远离车轮的黄色-绿色箭头表示正在用发动机、动力电池和电驱动电机来驱动车辆行驶。

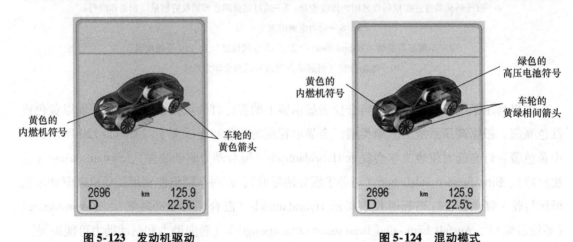

图5-123　发动机驱动　　　　　　　　　　　　　图5-124　混动模式

5）如图5-125所示，表示车辆滑行时的能量回收，动力电池符号和指向车轮的绿色箭头表示正在回收能量且正在给动力电池充电（车速低于160km/h时工作）。

6）如图5-126所示，表示停车，发动机符号和动力电池符号表示发动机正在运转且正在给动力电池充电。

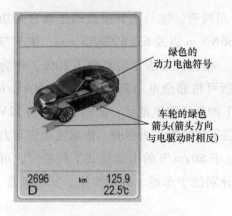

图 5-125　滑行时的能量回收

图 5-126　停车

（3）纯电动模式的切换按钮

使用电驱动优先切换按钮 E709（EV 模式），驾驶人可以扩展电动行驶的极限，电机的全部功率都用于车辆的电动行驶中，只要车速不高于 100km/h 或者动力电池的充电状态不低于 34%，那么就可以使用纯电动方式来驱动车辆行驶，按钮位置如图 5-127 所示，按下按钮后仪表也会有相应提示，如图 5-128 所示。

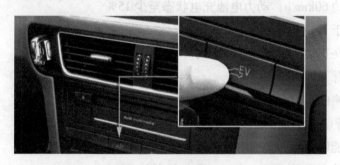

图 5-127　EV 按钮

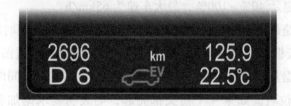

图 5-128　EV 模式下的仪表提示

5.6　宝马 X6 Hybrid

5.6.1　概述

宝马 X6 Hybrid 搭载 3.0L V6 Hybrid 发动机，其中的 Efficient Dynamics（优化动力技

术，包括诸如可变气门正时系统等）技术为宝马公司独有。宝马为其搭载的是两台高功率输出的电机，分别可以输出功率/转矩为 67kW/260N·m 以及 63kW/280N·m，该车与电机配合后最大输出功率可达 236kW。在油耗方面，相比汽油版车型减少了 20%。作为宝马的第一款完全混合动力车型，其高效混合动力版可依靠全电动驱动模式，以 60km/h 的最高速度行驶。电机的能量来源于安装在行李箱下的高性能电池组，该电池组还为 12V 车载电网供电。宝马 Active Hybrid 技术为驾驶人提供了依靠纯电力行驶、依靠发动机动力行驶及两种动力结合的行驶模式。宝马 X6 在车速低于 60km/h 的电动模式下行驶时，可实现零排放。宝马也为该车设计了一些独有标识，分别位于车尾、起动按钮、发动机盖、仪表板等。

5.6.2 运行模式与显示

宝马 X6 Hybrid 有四种运行模式，分别是电动行驶（eDRIVE）、使用发动机行驶（DRIVE）、发动机助力（eBOOST）、能量回收利用（CHARGE），各模式工作特点如下。

1. 电动行驶（eDRIVE）

满足以下条件时，电机可以独立驱动车辆。

① 最大车速约 60km/h，动力电池充电状态至少 15%。

② 变速杆位于 D 位和 R 位。

③ 传动系统在正常工作温度范围之内。

④ 没有猛地踩下加速踏板。

⑤ 驾驶人一侧的车门已经关闭。

此时的车速特点：

① 电动行驶能够达到的车速取决于动力电池的充电状态。

② 如果充电状态显示 15%~40%，最大车速为 40km/h。

③ 如果充电状态显示 40%~100%，最大车速为 65km/h。

④ 加速时如果车速超过 40km/h，为确保均匀加速，发动机会短时起动。

电动行驶时，仪表板显示如图 5-129 所示，电机释放的功率通过图中箭头（图中左下角蓝色箭头）标记，根据加速踏板位置，最多 4 个箭头依次亮起。同时，转速表指针位于 READY（准备就绪）位置。如果 4 个箭头都亮起，则表明要求附加驱动功率（例如加速时），发动机起动。满足以下行驶条件时，发动机自动起动。车速减小，如满足电动行驶的条件，发动机则关闭。

① 变速器挂入 M/S。

② 车速大于 65km/h。

③ 充电量低或动力电池满负荷。

④ 高压系统过热保护。

⑤ 要求高功率时，例如加速踏板被踩到一定位置。

2. 使用发动机行驶（DRIVE）

使用发动机行驶模式时，此时由发动机驱动车辆，同时给动力电池充电。混合动力系统会在必要时自动起动发动机。此时的转速表指针表示发动机转速（图 5-130）。

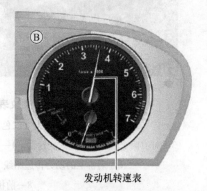

图 5-129　纯电动行驶时的仪表板显示　　　　图 5-130　发动机驱动车辆时的仪表板显示

3. 发动机助力（eBOOST）

车辆处于发动机助力模式（图 5-131）时，发动机作为主要动力驱动车辆，电机会在必要时辅助发动机，提供附加驱动功率。急加速时，例如超车过程中，系统会调用两个电机的功率来辅助发动机，此时需深深踩下加速踏板（强制降档）。

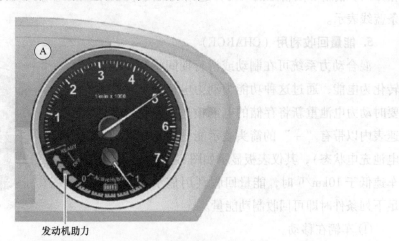

图 5-131　发动机助力车辆时的仪表板显示

4. 中央仪表的显示

在各种运行状态下，中央显示屏可以显示能量/动力传递路线和动力电池充电状态，以便使驾驶人在不同行驶状态下了解混合动力系统工作概况，仪表显示中各项含义如图 5-132所示。

在仪表屏幕显示中蓝色表示电能，红色表示发动机能量，箭头表示能量/动力传递路线的方向。接通的发动机显示为红色（否则为蓝色）。急加速时（助推功能）会同时调用发动

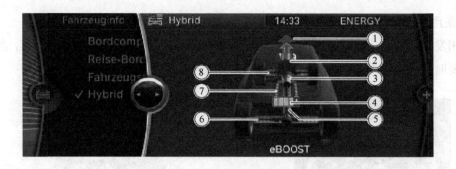

图 5-132　中央仪表显示屏显示当前车辆运行模式

1—发动机驱动力箭头（红色）和电机驱动力箭头（蓝色）　2—发动机

3—带有两个电机的双模式变速器　4—动力电池的充电状态　5—输出轴上的动力传递路线

6—后桥上的动力传递路线　7—从动力电池至电机的能量传递路线

8—前桥上的动力传递路线

机和两个电机的功率驱动车辆，此时通过一个红色箭头（发动机驱动部分）和一个稍小的蓝色箭头（电机部分）进行显示。变速器内电机的活动通过蓝色变速器显示。五个区段表示动力电池的充电状态。四个区段亮起相当于达到 80% 的充电状态。由于同时通过发动机和电机驱动，输出轴上的动力传递路线分为两个部分，并且用两种颜色显示，箭头指向驱动轮方向。前桥和后桥上的动力传递路线以同样的方式显示。从动力电池至电机的能量流用两条蓝线表示。

5. 能量回收利用（CHARGE）

混合动力系统可在制动或滑行期间将制动能量转化为电能，通过这种功能为动力电池充电，在需要时动力电池重新将存储的电能输送给电机。在转速表内以带有" + "的箭头表示能量回收（即动力电池充电状态），其仪表板显示如图 5-133 所示。当车速低于 10km/h 时，能量回收利用显示亮起。满足下列条件时即可回收制动能量。

制动能量回收标记

图 5-133　制动能量回收的仪表板显示

① 车辆在移动。

② 档杆已挂入位置 D、R、M/S。

③ 动力电池未充满。

图 5-134 展示了中央显示屏在能量回收利用期间的能量动力传递路线。从车轮至输出轴的动力传递路线通过运动的蓝色箭头显示。从电机至动力电池的能量流通过两条蓝线和蓝色箭头显示。发动机显示为红色，因为车辆正在以高于 60km/h 的车速行驶。车速降到 60km/h 以下时可关闭发动机，此时发动机显示为灰色。

6. 与高压有关的故障显示

该车高压系统一旦出现故障，系统会点亮相应的故障警告灯，部分警告灯含义如下。

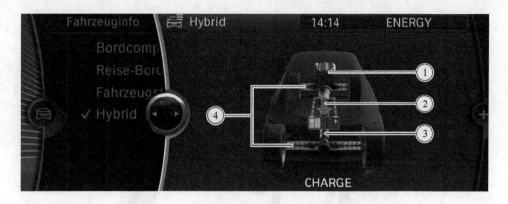

图 5-134 中央仪表显示屏显示当前制动能量回收

1—发动机 2—能量回收利用箭头 3—输出轴上的动力传递路线

4—前桥/后桥上的动力传递路线

（1）动力电池故障灯（图 5-135）

含义：动力电池电量不足以起动发动机、为动力电池充电、充电过程结束等。

原因：已连接充电器、驾驶人必须接通点火开关、正在充电等。

（2）动力总成故障灯（图 5-136，黄色）

含义：动力总成故障，功率下降、动力总成如发动机未关闭或混合动力系统故障。

原因：电机故障、BCM 故障、TCM 故障、电机失灵、电动真空泵故障等。

（3）动力总成故障灯（图 5-137，红色）

含义：动力总成故障，无法继续行驶。

原因：混合动力系统关闭。

图 5-135 动力电池故障灯   图 5-136 动力总成故障灯   图 5-137 动力总成故障灯

5.6.3 空调压缩机

宝马 X6 Hybrid 采用了电动空调压缩机，其实物如图 5-138 所示，工作原理与普通旋涡式压缩机无区别，故本章节不再赘述。自动空调也用作高压系统的冷却装置，因此即使关闭了自动空调的制冷功能，空调压缩机也会自动打开，停车后还会听到混合动力系统的运行噪声，可能是动力电池的冷却系统仍在工作。

图 5-138　空调压缩机实物图
1—EKK 高电压插头　2—EKK 控制单元和 DC/AC 变换器　3—电动空调压缩机　4—消声器

5.6.4　动力电池

1. 动力电池概述

　　宝马 X6 Hybrid 采用了镍氢高压动力电池，该电池安装在行李箱中，其实物如图 5-139、图 5-140 所示，动力电池单元是一个完整的系统，不仅包含动力电池本身，还包括动力电池控制模块（BCM）电子控制单元、电机械式接触器、高电压导线接口、高电压安全插头、冷却系统、通风装置等。该系统的控制与奥迪 Q5 Hybrid、奔驰 S400 Hybrid 控制逻辑类似，故本小节不再赘述。

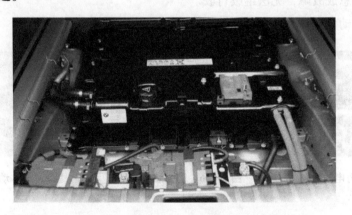

图 5-139　宝马 X6 Hybrid 动力电池实物

2. 高压系统断电

　　在对该车高压系统进行保养与维修时，必须进行高压系统断电，这一工作可以通过断开维修开关完成，具体操作步骤如下。

　　1）将维修开关把手向上翻，如图 5-141 所示。

　　2）将整个维修开关向后推，如图 5-142 所示。

图 5-140 宝马 X6 Hybrid 动力电池拆解图

1—动力电池总成 2—冷却系统管路

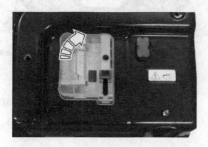

图 5-141 将维修开关把手向上翻

图 5-142 将整个维修开关向后推

3）找到维修开关固定螺钉，如图 5-143 所示 1。

4）拆下维修开关固定螺钉，如图 5-144 所示。

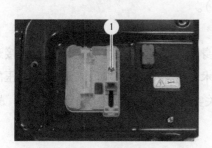

图 5-143 找到维修开关固定螺钉

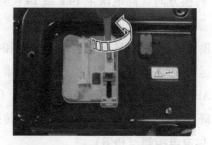

图 5-144 拆下维修开关固定螺钉

5）取下维修开关，如图 5-145 所示。

6）将拆下的维修开关翻转并锁止，如图 5-146 所示 1。

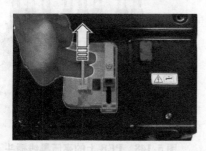

图 5-145 取下维修开关

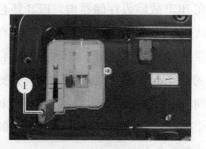

图 5-146 将拆下的维修开关翻转并锁止

5.6.5 高压系统供电电子装置

宝马 X6 Hybrid 与混合动力有关的供电电子装置分布在辅助电源模块（Assistant Power Module，APM）和供电电控箱（Power Electric Control Box，PEB）两个控制单元上。两个控制单元均为高电压组件，都安装在发动机舱内的发动机上方，如图 5-147 所示，装置上方的安全盖板可防止直接接触高电压接口。此外该车高压系统供电电子装置还包括供电配电盒（Power Distribution Box，PDB）

图 5-147　APM 与 PEB 的位置

1—供电电控箱（PEB）　2—安全盖板（辅助电源模块在盖板的"宝马"标志下方）

1. 辅助电源模块（APM）

辅助电源模块（APM）是个 DC/DC 变换器，作用是实现混合动力车辆电压转换，一个电压是约 300V 的高电压车载网络，另一个是 14V 车载网络。APM 控制单元仅用在 E72 上，它采用双向转换器设计，即 APM 在高电压车载网络和 14V 车载网络间对电能进行双向传输。辅助电源模块 APM 控制功能如下：

① 接通或关闭转换功能。

② 转换方向（高电压至 14V 或 14V 至高电压）。

③ 额定电压。

辅助电源模块 APM 根据自诊断数据和模块本身测定的测量参数决定是否能够接通转换功能。运行期间 APM 会尝试通过将电流增大至技术上允许的最大限值来调节各电压的额定电压。APM 无法降低车载网络内的电压，但当相关实际电压高于 APM 额定电压时，APM 可将电流降至 0A，这样不会发生任何能量转换。

2. 供电电控箱（PEB）

供电电控箱（PEB）是由四个控制单元构成的中央双向高电压混合动力控制单元（即功率控制单元），四个控制单元分别是 HCP、MCPA、MCPB 和 EMPI。各控制单元在诊断期间单独注册，EMPI 和 MCP 的故障码存储器记录存储在 HCP 故障码存储器内。PEB 还包括用于控制两个电机的两个脉冲变换器（AC/DC 变换器）供电电子装置、用于电动控制混合动力机油泵的一个脉冲变换器（AC/DC 变换器）、作为中间电压电路的一个电容器（1nF）和用于所有四个控制单元的外部硬件。PEB 上的高压导线插头如图 5-148 所示。

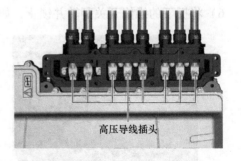

高压导线插头

图 5-148　PEB 上的高压导线插头

3. 供电配电盒 PDB

供电配电盒（PDB）是部分高压部件的熔丝盒，其安装位置如图 5-149 所示，内部电路简图如图 5-150 所示。

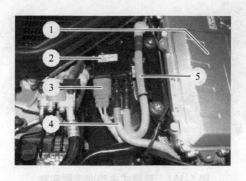

图 5-149 PDB 的安装位置

1—供电电控箱（PEB） 2—供电配电盒（PDB） 3—电动空调压缩机高电压导线与 PDB 的接口

4—APM 高电压导线接口 5—连接 PEB 至 PDB 的高压导线

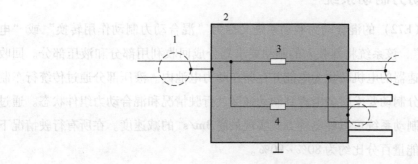

图 5-150 PDB 内部电路简图

1—导线屏蔽层 2—供电配电盒（PDB） 3—APM 的高压熔丝（20A）

4—EKK 的高压熔丝（40A）

5.6.6 双模式主动变速器

在双模式主动变速器（图 5-151）中集成了两个大功率电机（67kW 和 63kW）。将两个电机集成在宝马 Active Hybrid X6 双模式主动变速器内，可实现两种驱动方式。双模式主动变速器以无级 ECVT 变速器（电动连续可变变速器）为基础，该变速器可在两种功率运行状态下工作。因此该双模式主动变速器可以明显改变电动和机械传输功率的比例。根据行驶情况，可以有两种工作模式，其特点如下。

1）模式 1，主要在低速行驶状态下，通过使用电机显著降低耗油量，同时产生附加驱动力。

2）模式 2，在高速行驶状态下，降低电动传输功率，同时提高发动机效率（通过负荷点调节）和燃油效率。处于这种模式时，两个电机也以不同方式工作，除提供电动驱动助力和发电机功能外，还特别负以最高效率划分档位。两种电机运行模式都采用固定传动比。因此实际上有 7 个档位可供使用。

图 5-151　双模式主动变速器实物

1、2—电机　3—壳体　4—行星齿轮组

5.6.7　混合动力制动系统

宝马 X6 Hybrid（E72）的混合动力制动系统又称为"混合动力制动作用转换"或"电子感应制动作用 SBA"，该系统将驾驶人的制动要求划分成回收利用部分和液压部分。回收利用部分通过主动变速器的电机转化为电能并存储在动力电池内。液压部分通过传统行车制动器产生减速度。划分制动要求时会考虑到制动强度、行驶情况和混合动力组件状态。通过这种方式，混合动力制动系统可以纯电动方式实现最高 $3m/s^2$ 的减速度。在所有行驶情况下可以回收利用的制动能量百分比约为 80%～90%。

该系统功能如图 5-152 所示，SBA 控制单元是混合动力制动系统的主控制单元。它控制从探测制动要求直至控制制动系统执行机构的所有工作过程。能量回收式制动的执行机构是传动系统，它通过供电电控箱控制电机使其以发电机方式工作。为了使电机能够产生电能，必须以机械方式对其进行驱动，电机吸收作用在传动系统上的制动转矩，在减速度最高 $3m/s^2$ 的情况下，如果制动转矩仅作用在后桥上就会导致不稳定的行驶情况出现，因此进行能量回收式制动时，分动器内的片式离合器也会接合。随后，前桥和后桥达到相同转速，从而为制动转矩在两个车桥上的平均分配创造前提条件。在这种"电子伺服模式"下会尽可能地回收利用制动能量，只有在减速度高于 $3m/s^2$ 或混合动力驱动装置无法转化所有制动能量时，才会针对剩余能量使用传统行车制动器。此时 SBA 控制单元控制主动式制动助力器产生用于两个制动回路的制动压力，制动压力通过动态稳定控制系统输送到 4 个车轮制动器上。只有在故障情况或特殊情况下才会提供应急功能，此时 SBA 控制单元不再执行主控功能。（如在不稳定的行驶情况下，动态稳定控制系统就会执行主控功能，从而以高优先级使车辆稳定下来，这个时候是无法继续进行能量回收式制动的）。能量回收式制动所需的某一组件失灵或供电失灵时，混合动力制动系统就会由"电子伺服模式"切换为传统模式。在传统模式下制动踏板与行车制动器重新建立起机械连接，这样可使车辆通过传统液压制动系统实现可靠减速。

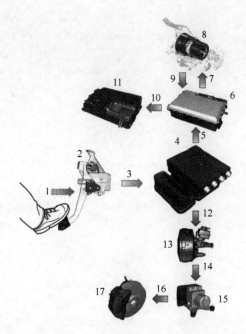

图 5-152　SBA 功能示意图

1—踩下制动踏板　2—制动踏板单元　3—以电信号传输制动要求

4—混合动力制动作用转换（电子感应制动作用 SBA）　5—能量回收部分的规定值

6—供电电控箱　7—使电机以发电机形式工作信号　8—主动变速器内的电机　9—电机产生的电能

10—有待存储的电能　11—动力电池　12—对制动助力器内的电磁阀进行电气控制

13—主动式制动助力器　14—制动回路内的液压压力　15—动态稳定控制系统

16—传输至车轮制动器的制动管路内的液压压力　17—车轮制动器

三 检测维修篇

第 6 章

新能源汽车的检修

6.1　安全操作

6.1.1　新能源汽车售后技术人员工作职责

新能源汽车由于采用了高压电系统，只有经过专业培训的技术人员才能在这类车辆上进行相关操作。新能源汽车售后技术人员必须通过整车厂家的专业培训、认证与考试，并获得相关资质证书。其主要工作职责如下。

1）能够断开高电压系统并确定系统断电；能够防止高电压系统重新被激活；能够使用专用设备对全车进行绝缘检测。

2）能够完成新能源汽车上的所有常规保养与维修操作。

3）能够使用厂家指定的专业设备与工具，对车辆高压系统所有部件进行专业检测，判断部件工作是否正常。目前经销商售后服务部门对新能源车辆的高压部件如电机、动力电池组等无法进行解体维修，故除一般的保养与调校外，一旦检测确定部件故障，均应更换总成。

4）能够重新激活高电压系统，能够给动力电池充电。

5）能够指导未经过培训的人员在断电的新能源汽车（混合动力或纯电动汽车）上独立执行一般性任务，承担在高电压系统上作业的所有技术职责。

6.1.2　新能源汽车高压电力系统的危险性与处理方法

新能源汽车的高压电系统具有能致命的高压电，动力电池组的电解液具有毒性和腐蚀性，这会危及售后技术人员的人身安全。

1. 高压电的概念以及对人体的影响

60V 以上的直流电、25V 以上的交流电（图 6-1）具有危险性。约 5mA 电流通过人体时，会产生麻木感，但人可以自由摆脱。体内通过电流约达 10mA 时，到达了导出电流的极限，人体开始收缩，无法再轻易摆脱。人体通过 30～50mA 交流电会导致呼吸停止以及心室纤维性颤动。通过人体的电流到达约 80mA 时，是致命的。交流电比直流电更危险，因为交流电压在人体内产生交流电，会促使肌肉组织和心脏产生颤动；交流电的频率越低，危险性越高；交流电会触发心室纤维性颤动，如果不进行急救很快就会致命。

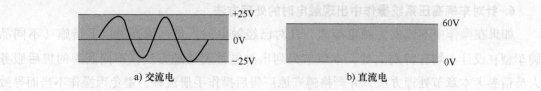

a) 交流电　　　　　　　　　　　　　b) 直流电

图 6-1　交流电与直流电的频率比较

2. 人体电阻与电压的关系

对于高电压引起的高电流，人体内对应的电阻值很低。血液含有电解液成分，因此具有很强的导电性。人体电阻值很低，特别是有主动脉的地方（如胸腔和躯干），最大的危险发生在电流通过人体心脏时。人体皮肤电阻值变化很大，取决于皮肤硬度、湿度等，但是，对于超过 100V 的电压，皮肤电阻几乎为 0，此时皮肤会被击穿。如果交流电在心脏的滞留时间达到大约 10 ~ 15ms 就会致命（心室纤维化颤动）。人体各部分近似电阻值如图 6-2 所示。

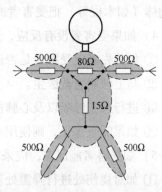

图 6-2　人体各部分近似电阻值

3. 人体触电的后果

操作人员一旦在操作中不慎触电，会对人身造成极大的伤害，严重时可能致命，部分后果如下（不同情况可能略有不同，本章节只列举部分情况）。

1）电击效应会导致因肢体不受控制和失去平衡而跌倒受伤。

2）电流导致触电点处会发生烧伤或焦化，也会发生内部烧伤，结果导致肾脏负荷过大，甚至造成致命的伤害。

3）血液和细胞液成为电解液并被电解，会发生严重的中毒，中毒情况在几天后才能被发现，伤害很大。

4）所有身体功能和肌肉运动都由大脑通过神经系统的电刺激控制，如通过人体的电流过高，肌肉开始抽搐，大脑再也无法控制肌肉组织，一般会产生例如握紧的拳头再也无法打开或者移动。如果电流经过胸腔，肺会产生痉挛（呼吸停止），心脏的跳动节奏会被中断（心室纤维化颤动，无法进行心脏的收缩扩张运动）等后果，会直接危及生命。

4. 动力电池电解液对人体的影响

动力电池内的电解液具有毒性与腐蚀性，不慎入口或沾在皮肤上都会对人身造成伤害。

5. 车辆高压系统的其他危险性（未触电）

除了上述情况之外，短路造成的热效应会使工具急剧发热，导致材料熔化，可能发生烧伤事故。短路引起高温而导致火花，金属可能被熔化，产生飞溅的火花，飞溅出来的金属颗粒温度可能超过5000℃，可能引起烧伤以及严重伤害眼睛。带电高压线路接通和断开时所产生的弧光，光辐射可能造成眼睛灼伤。

6. 针对车辆高压系统操作中出现触电时的处理方法

如果在操作中不慎发生触电事故，针对已经触电的人员，请遵循以下措施（不同品牌车型在设计上均有特别之处，本章节只列出触电常规处理方法，不同品牌的售后服务人员请参考本章节处理方法，并严格遵守原厂售后操作手册流程，避免因操作不当而导致人身危险）。

1）救援人员的自身安全是第一位的！

2）绝对不允许触碰仍与电压有接触的人员！

3）如果可能马上将电气系统断电（关闭点火开关或者马上拔出维修插头），用不导电的物体（如木棍等）把受害者或者导电体与电压分离。

4）如果受害者没有反应，应采取以下急救措施。

① 如首先确定受害者是否还有生命迹象，比如脉搏和呼吸。

② 马上呼叫急救医生。

③ 进行人工呼吸以及心肺按压直到医生到达。

④ 如果呼吸停止，则使用非专业的去纤颤器（如果有的话）。

5）如受害者能回应，应采取以下急救措施。

① 如对烧伤处进行降温处理、消毒并进行包扎。

② 即使受害者拒绝，也要求其必须接受治疗，避免出现长期的后遗症。

7. 发生动力电池电解液相关事故时的处理方法

如果在操作中不慎接触了动力电池的电解液，可按照下列措施处理。

1）如果皮肤接触动力电池的电解液，立即用大量的清水进行冲洗。

2）如果眼睛接触到动力电池的电解液，立即用大量的清水反复进行冲洗（至少10min）。

3）如果动力电池的电解液不慎入口，立即喝大量清水，并且避免呕吐。

4）在做上述操作同时寻求医疗救助。

8. 发生镍氢电池氢气相关事故时的急救措施

吸入氢气时（如操作人员进入电池正在充电的、不通风且狭小空间内）会产生中毒危险，应参考以下急救措施：

1）你的自身安全是第一位的！

2）必须马上呼吸大量新鲜空气，所有人员（包括救援者与受害者）必须马上被转移到通风处。

3）如果事故受害者没有反应，应当采取与电气事故同样的急救措施！

6.1.3　安全操作规范

1. 安全操作规范概述

售后服务技术人员在针对新能源汽车的保养、检测与维修中，必须严格按照安全操作规范才能保证自身的安全，本章节列举了部分安全操作规范，由于不同品牌的车型在车辆技术特点、维修检测设备、对人员的要求等方面都有不同的要求，故在实际操作中请参考本章节内容，严格按照厂家的操作手册进行操作，以避免出现安全事故。无论进行任何操作，必须记住以下的几项基本原则。

1）不能直接对高电压元件喷水或者采用高压清洗液冲洗！

2）不能在高电压连接线上用任何油脂（包括机油）、接触喷雾等！

3）在焊接、使用切割工具或者锋利工具作业之前，必须先将系统断电！

4）所有断开的高电压连接线必须采用防尘和防潮措施！破损的电缆必须替换！

5）高电压连接线必须时刻保持干燥以及金属接头的光亮！接触表面不能用螺钉旋具或者其他工具划擦进行清洁！

6）携带或体内植入维持生命和健康用的电子医疗器械（例如心脏起搏器）的人员不能操作高电压系统！

7）所有测量工具必须经过厂家认证，确保适用于高电压系统！

8）在受潮的高电压系统上作业时务必小心！潮湿的元件，特别是沾染潮湿的路面盐分的元件，可能会有致命危险！

2. 车辆高压系统的标识

为了方便识别，新能源汽车所有连接高压回路部分的线束和接头均为橙色，如图 6-3 箭头所示。高压回路和其他回路与车身绝缘高压组成部分包含动力电池组、驱动桥、变频器、转换器和维修开关。

图 6-3　高压线束

警告标识被贴在动力电池和变频器上，它们提供了基本的警告、操作说明和回收信息，图 6-4 ~ 图 6-7 为几种常见警告标识。

图 6-4　禁止接通

图 6-5　正进行高压设备
作业，小心危险电压

图 6-6　注意！高压零件！在高压设备上
进行作业之前先要证实断电

图 6-7　危险电压！会触电！关闭高压设备

3. 售后服务技术人员的必备安全装备

当处理被损坏车辆时，潜在的被电击或暴露在高碱性化学物质中可能不易察觉，所以，需要总是准备好防护装备。如果需要处理被损坏车辆，必须保护好自己，以免被电击或伤害。常用的安全装备如下。

（1）保护手套

手套必须有两种独立的性能，在进行任何有关高压组件或线路的操作时，需要使用橡胶制成的绝缘手套，这些手套通常被认为是电工手套（图6-8），并被设计为按照澳大利亚标准如 AS2225、能够承受 650V 的工作电压。

抗碱性的合成橡胶手套同样需要，当工作中接触钾氢氧化物时，对人的组织有极其严重的伤害（图6-9）。

图 6-8　电工手套

图 6-9　合成橡胶手套

（2）护目镜与工作鞋

配备合适的眼部和足部防护用具，以防止电池液的飞溅。最好的护目镜应将所有的面部皮肤裸露部分覆盖住（图 6-10），绝缘鞋也必须具有耐碱性鞋底（图 6-11）。

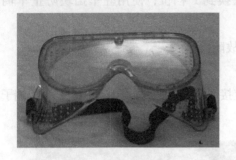

图 6-10　护目镜

图 6-11　绝缘鞋

4. 溢出的动力电池电解液处理方法

溢出的动力电池电解液可以采用大量清水清洗，这是最简单有效的处理方法。如果有条件可以使用渗透硼酸（图 6-12）处理方案，这个方案可以非常有效地中和所有的电解液，将危害降到最低。处理方法是通过溶解 800g 的硼酸于 20L 自来水中，倒在溢出的电解液上，进行中和所有溢出的动力电池电解液。如果要擦拭溢出的电解液，必须准备充足的吸水毛巾或布，事故中溢出的电解液必须清理干净，在使用这些布去吸收前，先要使用试纸去检查确认，确保所有溢出液已被中和（如果不考虑成本，这个方法也可以用于处理辅助电池的电解液）。

当面对溢出电解液时，及早穿好或佩戴好合适的防护装置，并剥下一片红色石蕊试纸（图 6-13）检查溢出液，如果试纸变为蓝色，说明溢出的液体需要使用硼酸液进行中和。中和完成后，使用试纸再去检查溢出液，确认试纸颜色不改变。中和完毕后，使用棉布对残余液进行清理。

图 6-12　硼酸

图 6-13　石蕊试纸

5. 灭火处理方法

动力电池若起火燃烧，建议使用二氧化碳类型灭火器（图 6-14）；如果采用水来灭火，应使用大量可持续的水去灭火，如只用一桶，将加剧动力电池火灾的程度，这是危险的。

6. 断开高压系统

当进行保养或维修、处理损坏车辆进行事故恢复或急救等工作时，要求断开车辆的高压系统，断开高压系统的步骤如下。

1）踩下制动踏板，挂入P档位。如果没办法换到P档位，使用驻车挡块防止车辆移动，拉紧驻车制动器。

2）使用诊断仪读取全车故障码并记录存在的故障码。

3）关闭点火起动开关，妥善保管钥匙。

4）断开12V辅助电池的负极（图6-15）并固定接地线，以防止端子移动回电池负极端子。

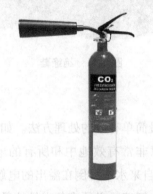

图6-14 二氧化碳类型灭火器

图6-15 断开12V辅助电池负极端子

5）找到维修开关（也称为保养插头），一般该部件都在动力电池组一侧，拔下维修开关（图6-16）并妥善保管。当拔下该插头和处理橙色高压组件和线路时，确保戴着绝缘橡胶手套，并将裸露的维修开关槽使用绝缘胶布封住。

6）如果因为损坏或其他原因无法拔下维修开关，在发动机舱内接线盒中拔下高压系统熔丝（图6-17）。

图6-16 拔下维修开关

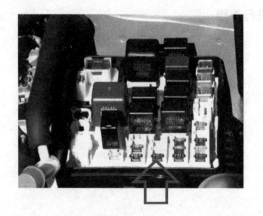

图6-17 拔下高压系统熔丝（图中单独的熔丝）

7）断开高压系统后应确保断电成功，故应进行断电情况检查。在进行该检查时需要使用厂家认可的专业检测设备（图 6-18），检测时使用专用检测盒，将检测探针分别插入维修开关的两个接口中，具体测量方法如图 6-19 ~ 图 6-21 所示，检测结果显示必须为 0V。

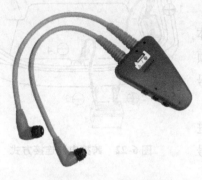

图 6-18　大众专用检测盒

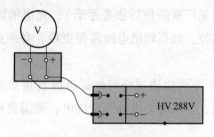

图 6-19　断电测试 1

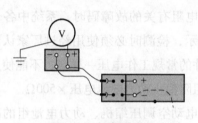

图 6-20　断电测试 2

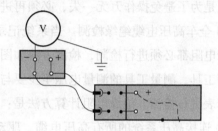

图 6-21　断电测试 3

7. 事故车辆的评估、整理、维修时的一般操作规程

事故车辆的评估、整理、维修时的一般操作规程如下。

1）当评估一辆事故损坏车辆时，只要高压线路或组件有任何问题，或制动、转向、动力分配或燃油系统有损坏，就不可以驾驶车辆，而必须使用拖车，在拖车前，必须断开高压系统。正确的牵引方法是使得驱动轮离地或全部平放在拖车上。牵引车辆时，使得车辆驱动轮转动将产生电能，如果此时车辆是损坏的，将极其危险四轮着地状态拖曳车辆，必须满足极低的车速（低于 30km/h），尽可能短的距离，换入 N 档位，点火开关位置在 ACC。

2）在移动损坏车辆完毕后，检查所有溢出的碱性电解液，使用正确、安全的设备进行中和。

3）放置警告标志在车顶上。

4）在开始检查、维修前等待 5min。

5）使用万用表去检查每一个相位，电压读数必须为 0。

6）无论何时高压插接器或线路被拆卸，始终使用绝缘胶布去隔离裸露部分。

7）对于混合动力汽车，如果 12V 的辅助电池电压低于 8V，车辆的发动机，同时车载电气也无法正常工作，车辆可以通过以下的方法跨接起动：挂入 P 档位，拉紧驻车制动，拔下钥匙，按照图 6-22 所示中数字顺序连线，连接一个 12V 的充满电的电池，之后打开点火开关。

当发动机运行时，将跨接电池按照连接顺序相反的顺序断开。

8）辅助电池的充电率必须符合厂家标准（具体数据参见厂家的售后服务手册），充电的时间也必须受到监控。如果辅助电池需要更换，必须更换同型号电池。

9）不可以通过任何外部电源直接对动力电池进行充电，如果动力电池完全放电，则需要更换同型号总成。

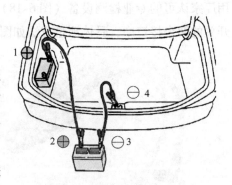

图 6-22　跨接电池连接方式

10）拔下维修开关后原则上动力电池组已经与车辆的高压系统断开，系统应该是安全的，但是为了避免操作万无一失，必须再进行一些确认措施，这些措施包括下列一些项目。

① 全车高压电缆绝缘检测。当系统记录与绝缘电阻有关的故障码时，系统中各个部件的绝缘电阻都必须进行检测，检测方法如图 6-23 所示，检测时必须使用经过厂家认证的检测专用工具，测量工具的测量电压至少要与检测部件的常规工作电压一样高，不能使用通用的欧姆表进行检测。绝缘电阻计算方法是：绝缘电阻阻值＝动力电池电压×500Ω。

② 连接高压系统的所有高压电缆、驱动电机、电动空调压缩机、动力电池组的高压接口、高压系统控制单元等部分需要检查绝缘电阻。

11）当新能源汽车出现碰撞，动力电池故障报警、车辆起火或者车辆故障维修时，结合实际情况及时断开维修开关，本节以比亚迪 e6 为例介绍断开维修开关的步骤。

① 打开主驾右侧副仪表台，如图 6-24 中箭头所示，取出里面中控置物盒底部橡胶垫。

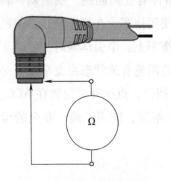

图 6-23　绝缘电阻的检测方法

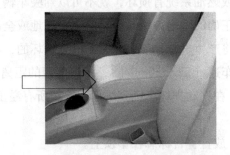

图 6-24　副仪表台位置

② 用十字螺钉旋具拆掉维修开关上面盖板的 4 个螺钉，取出盖板，露出维修开关，如图 6-25 中箭头所示。

③ 通过维修开关拉手向上拔出开关，如图 6-26 所示。开关拔出后，开关外壳体有一开口，内部为开关接插件孔端，请勿将手指伸入或触碰以免发生危险。

图 6-25 露出维修开关

图 6-26 拔出维修开关

6.2 检修方法

6.2.1 动力电池组的检修

各个品牌的动力电池均不可维修，一旦出现电池内部短路、断路、漏电、各种机械损伤等，必须更换总成。本章节介绍了动力电池组的几种常规检查方法。

1. 动力电池的目视检查

车辆的动力电池目视检查项目如下，如果出现下列问题，建议更换相关部件。

1）动力电池壳体或托盘上是否有裂纹。

2）动力电池壳体或托盘是否变形。

3）动力电池电解液是否溢出。

4）动力电池与高压电缆的连接高电压触点是否损坏。

5）动力电池的接插件应完好，卡簧无白点、发黑、毛刺等。电池接插件插孔外圈白点或轻微黑点为轻微拉伤，可继续使用。卡簧出现白点为一般拉伤，可继续使用观察。卡簧出现发黑、断裂、严重毛刺现象为严重拉伤，需要检修人员更换动力线束。

6）动力电池各种警告信息贴签是否破损。

2. 动力电池组的充放电状态检测

动力电池组的充放电状态检测包括如下项目。

（1）动力电池过充电

正常单体电池电压为 2.8 ~ 3.7V，充电时单体电压超过 3.8V 充电仍未停止时，应采用手动停止方式。最高单体电池电压介于 3.7 ~ 3.8V 为轻微过充，可继续使用。最高单体电池电压介于 3.8 ~ 4.0V 为一般过充，静置 30min 后待电压回落 3.7V 可继续使用。最高单体电池电压不低于 4.0V 为严重过充，应更换动力电池总成。

（2）动力电池过放电

最低单体电池电压介于 2.4 ~ 2.8V 为轻微过放，继续充电即可。最低单体电池电压介于 2.0 ~ 2.4V 为一般过放，需检修人员赴现场核实并充电。最低单体电池电压低于 2.0V 为严重过放，应更换动力电池总成。

动力电池单体电压过高、过低或一致性差都不被允许。根据电池监控屏中的数据或者使用万用表进行检测，正常电池充放完静置0.5h后各单体压差不超出300mV。

（3）动力电池温度检测

电池正常温度为0~55℃。纯电动汽车的电池恒温调节指冬季极寒地区对电动汽车的电池进行升温，减缓在低温环境下的放电速度，增加续驶里程；夏季在高温地区为电池降温，减缓高温环境下内部单元的老化速度。不同品牌车辆动力电池均设有冷却系统，但保温系统只有在极少数特定地区的车辆才配备（如极寒地区）。在温度检测中如果动力电池温度异常应检修相应系统。

（4）动力电池的漏电检测

如果出现与漏电相关的故障码或怀疑有漏电故障，应对动力电池组进行漏电检测，该项检测可以使用厂家指定设备，也可以采用市场上可以精确到小数点后四位的高精度万用表进行，具体检测步骤如图6-27~图6-30。

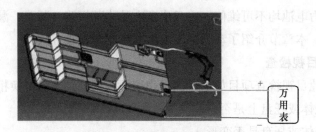

图6-27 电压检测步骤一

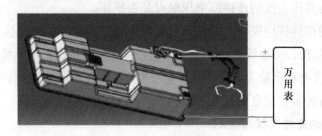

图6-28 电压检测步骤二

比较步骤一与步骤二的电压值，选择电压大的进行步骤三和步骤四。

设步骤三电压为 $V1$，步骤四电压为 $V2$，则

$$\frac{V1-V2}{V2}R > 500\Omega/V$$

有此计算结果则为动力电池不漏电。

$$\frac{V1-V2}{V2}R \leq 500\Omega/V$$

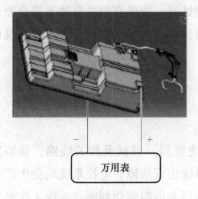

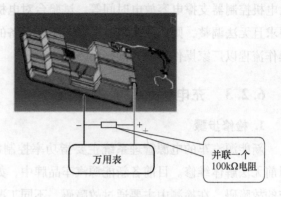

并联一个
100kΩ电阻

万用表

万用表

图 6-29　电压检测步骤三　　　　　图 6-30　电压检测步骤四

有此计算结果则为动力电池漏电，应更换动力电池总成。

6.2.2　驱动电机的检修

目前所有品牌的驱动电机基本为不可维修部件，在车辆使用中如果确定或怀疑驱动电机有故障，经销商的售后维修车间均不允许对电机总成进行拆检，需直接更换电机总成。目前对驱动电机的检修主要有以下几种方法。

1. 驱动电机的目视检查

车辆的驱动电机目视检查项目如下，如果出现下列问题，建议更换驱动电机或其他相关部件。

1）驱动电机壳体是否有裂纹、变形。

2）驱动电机是否泄漏（冷却液或润滑油）。

3）驱动电机与高压电缆的连接高电压触点是否损坏。

4）驱动电机运转是否噪声过大，是否有严重抖动现象。

5）驱动电机运转过程中是否温度过高（须使用温度计配合检测）。

2. 驱动电机的设备检测

如果条件允许，可以采用专用的电机检测设备进行检测（图 6-31），该设备可以对驱动电机的输入输出特性进行模拟工况检测，从而通过数据比对确定该电机的工作状态。这些数据包括：工作电压范围、转矩—转速特性、持续转矩、持续功率、峰值转矩、峰值功率、最高工作转速、驱动电机系统功率、控制精度、响应时间、驱动电机控制器工作电流、馈电特性、安全接地检测、驱动电机控制器的保护功能、驱

图 6-31　驱动电机的试验台

动电机控制器支撑电容放电时间等。试验台对电机进行测试时，如果有相关参数不符合原厂要求且无法调整，则应更换电机总成。不同设备的测试项目、具体操作流程会有不同，具体操作流程以厂家操作手册为准。

6.2.3　充电管理系统的检修

1. 检修步骤

新能源汽车的电源管理系统主要指功率控制单元（变频器）总成及相关线路，该装置目前无法解体维修。目前各新能源汽车品牌中，如果该系统出现故障，电控系统均会生产相应的故障码，在检测中主要通过故障码、不同工况下的电压和电阻变化判断该系统工作是否正常，一旦确定故障必须更换总成。不同品牌车辆在检修中会有差别（如故障码内容、具体的电压和电阻值等），请以原厂维修手册的检修步骤为最终标准，本章节以比亚迪为例介绍检修步骤。

1）在对电源管理系统检测前，售后服务技术人员做好所有安全准备工作（如戴好绝缘手套等），将车辆停在维修车间的工位上。

2）检查辅助电池电压，标准电压值为 11~14V，如果电压值低于 11V，在进行下一步之前请充电或更换辅助电池。

3）参考故障码表（表6-1），如故障现象不在故障码表中则进行第 4）步，如故障现象在故障码表中则进行第 5）步。

4）全面诊断。

5）调整、维修或更换相关部件。

6）确认测试。

表 6-1　故障码表（部分）

故　障　码	故障码内容
PIEC000	降压时高压侧电压过高
PIEC100	降压时高压侧电压过低
PIEC300	降压时低压侧电压过低
PIEC400	降压时低压侧电流过高
PIECD00	升压时低压侧电流过高
PIEE000	散热器过温

2. 故障码检测步骤

电源管理系统的故障码检测步骤如下。

（1）PIEC000 降压时高压侧电压过高

1）检查动力电池电压。插上维修开关，点火起动开关置于 ON 档，用诊断仪读取数据流中的电池管理控制器动力电池电压，正常值应为 450~550V。

2）检测高压电缆电压。点火起动开关置于 OFF 档，拔下维修开关，等待 5min。打开功率控制单元上盖。插上维修开关，点火起动开关置于 ON 档。测量高压电缆的电压，电缆正极与电缆负极之间电压为 450～550V。如正常，则检查高压配电盒及高压线路；如不正常，则进行第 3）步。

3）更换功率控制单元总成。

（2）PIEC100 降压时高压侧电压过低

1）检测动力电池电量是否大于 10%，如果不正常，则给动力电池充电。

2）检测高压电缆电压。断开维修开关，等待 5min。打开功率控制单元上盖。插上维修开关，点火起动开关置于 ON 档。测量高压电缆的电压，电缆正极与电缆负极之间电压约为 450～550V。如不正常，则检查高压配电盒及高压线路；如果正常，则进行第 3）步。

3）更换功率控制单元总成。

（3）PIEC300 降压时低压侧电压过低

1）检测辅助电池电压是否大于 9V，如果不正常，则检修或更换辅助电池；如果正常，则进行第 2）步。

2）更换驱动电机控制器总成。

（4）PIEC400 降压时低压侧电流过高

1）检测低压线束和电器是否正常（短路引起过电流），如果正常，则进行第 2）步。

2）更换驱动电机控制器总成。

（5）PIECD00 升压时低压侧电流过高

1）检测高压电缆电压。

2）拔下维修开关，等待 5min。打开功率控制单元上盖。插上维修开关，点火起动开关置于 ON 档。测量高压电缆的电压，电缆正极与电缆负极之间电压约为 450～550V。如果不正常，则给动力电池充电；如果正常，则进行第 3）步。

3）更换功率控制单元总成。

（6）PIEE000 散热器过温

1）检查冷却液是否充足，如果不正常，则加注冷却液。

2）检查水泵是否正常工作，冷却液管路是否通畅，如果不正常维修相关部分；如果正常，则进行第 3）步。

3）更换驱动电机控制器总成。

3. 电源管理系统全面检测举例

本章节以丰田普锐斯为例介绍电源管理系统的全面检测方法，具体操作步骤：断开功率控制单元中转换器的插接器，点火起动开关置于 ON 档，用电压表和欧姆表测量车辆线束侧插接器端子（图 6-32）间的电压和电阻，电压或电阻标准值见表 6-2，如不符合标准值，则更换功率控制单元总成。

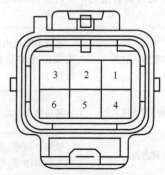

图 6-32　插接器端子

表 6-2 数据值

检测端子	标 准 值
5	8～16V
3	与12V辅助蓄电池电压相同
1	120～140Ω

6.2.4 空调系统的检修

新能源汽车基本都采用了通过动力电池控制的电动空调压缩机、电加热系统，空调 ECU 具有自诊断功能，它以故障码的形式将故障存储在空调控制系统存储器中，可利用原厂诊断仪进行执行器检查，通过这个检查项目可以检测鼓风机电机、各风门伺服电机和空调压缩机是否正常工作，如果通过执行测试出异常，则检测执行部件线路或更换执行部件总成。

空调故障分制冷和制热两种故障，制冷系统的常见故障包括以下方面。

1. 压缩机不工作

压缩机不工作的具体原因如下。

1）压缩机本身故障，缺少冷冻油，缺少制冷剂。

2）压缩机由功率控制单元根据相关信号控制，功率控制单元、蒸发器的压力开关、温度开关及 AC 按键等故障均可能造成制冷系统不工作。

2. 制热系统

制热由功率控制单元控制暖风机内的 PTC 电加热供给，功率控制单元、PTC 继电器、暖风控制按钮等部件故障均可能造成制热功能故障。

表 6-3 列举了通过空调系统的干燥瓶检视窗口观察情况而确定制冷剂故障的方法。

表 6-3 通过干燥瓶观察制冷剂情况进行故障诊断

检测项目 \ 制冷剂量	几乎无制冷剂	制冷剂不足	制冷剂量合适	制冷剂过多
高低压侧管路的温度	高低压两侧温度几乎相同	高压侧较热，低压侧较凉	高压侧较热，低压侧较凉	高压侧过热
观察窗内状态	连续不断地出现气泡或出现雾状泡沫流动	每隔1～2s可看到气泡	几乎透明，气泡偶尔出现，关闭冷气时气泡即消失	看不到气泡，关闭冷气后，制冷剂清澈透明
制冷系统压力	高压侧压力低	高低压两侧压力都稍低	高低压两侧压力正常	高低压两侧压力偏高
处理方法	检测、修理、抽真空重新加注	检测补充制冷剂		可选择从低压加注阀处放出多余制冷剂

6.2.5 其他车载电气系统的检修

新能源汽车的其他车载电气系统与传统燃油汽车并无太大区别，检修流程与方法也基本相同，故本章节只列举一部分略加说明，不做重点讲述。

1. 速度传感器的检修

用欧姆表测量速度传感器端子（图6-33）间的电阻，速度传感器标准值见表6-4。如果不符合标准值，则更换该传感器（如果是可以拆卸的）或混合动力车辆变速驱动桥总成（有些车型传感器无法拆卸）。

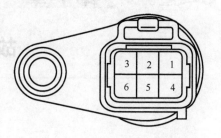

图 6-33　速度传感器插头端子排列

表6-4　速度传感器数据

测量端子	标准阻值/Ω
1、4	12.6 ~ 16.8
2、5	12.6 ~ 16.8
3、6	7.65 ~ 10.2

2. 检查加速踏板位置传感器

不要拆下加速踏板位置传感器，应在插接器的车辆控制 ECU 侧进行检查。打开点火起动开关在 IG 位置。用电压表测量加速踏板位置传感器端子间的电压（控制 ECU 插头排列如图 6-34 所示），端子间的电压标准值见表 6-5。如果不符合标准值，则更换传感器（如果是可以拆卸的）或加速踏板总成（有些传感器是不能拆卸的）。

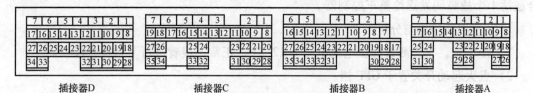

插接器D　　　　插接器C　　　　插接器B　　　　插接器A

图 6-34　控制 ECU 插头排列

表6-5　加速踏板位置传感器检测数据

测量端子	测量条件	标准数据
B25、B27	正常	4.5 ~ 5.5V
B26、B27	不要踩下加速踏板	0.5 ~ 1.1V
B26、B27	逐渐踩下加速踏板	电压缓慢升高
B26、B27	完全踩下加速踏板	2.6 ~ 4.5
B33、B35	正常	4.5 ~ 5.5V
B34、B35	不要踩下加速踏板	1.2 ~ 2.0V
B34、B35	逐渐踩下加速踏板	电压缓慢升高
B34、B35	完全踩下加速踏板	3.5 ~ 5.3V

第7章

故障案例分析

7.1 北汽新能源 E150EV 无法行驶故障

1. 故障现象

E150EV 纯电动汽车无法行驶，仪表板故障灯亮。

2. 故障诊断流程

E150EV 驱动电机系统包括驱动电机本体和电机控制器，该系统使用了一些传感器来监测电机的工作信息。这些传感器包括旋转变压器和温度传感器。旋转变压器用来检测电机转子位置，温度传感器用来检测电机的绕组温度。

电机控制器是电机系统的控制中心，它对所有的输入信号进行处理，并将电机控制系统运行状态的信息发送给整车控制器。电机控制器内含功能诊断电路。当诊断出异常时，它将会激活 1 个故障码发送给整车控制器。

（1）读取故障码与分析

1）接车后，首先测量低压电池电压为 12.2V，正常。接着进行下列检查步骤。

2）点火起动开关置于 OFF 档。

3）将北汽专用诊断仪 IMS-D60 连接至车辆诊断接口上。将起动开关置于 ON 档。用诊断仪读取故障码。诊断仪显示故障码为 "P0519" 电机超速保护故障。

当驱动电机系统出现故障时，驱动电机控制器（MCU）将故障信息发送给整车控制器（VCU）。整车控制器根据电机、电池、EPS、DC/DC 变换器等零部件故障，整车 CAN 网络故障及 VCU 硬件故障进行综合判断，确定整车的故障等级，并进行相应的控制处理。整车的故障可划分为 4 个等级，故障码 P0519 是电机超速保护故障，它属于 1 级故障，即致命故障。这时电机输出转矩为 0，动力电池的高压电断开，系统故障灯亮，这就是该车不能行驶的原因。故障码 P0519 对应的故障含义还有驱动电机的旋转变压器故障。旋转变压器是一种输出电压随转子转角变化的信号元件。当励磁绕组以一定频率的交流电压励磁时，输出绕组的电压幅值与转子转角成正弦、余弦函数关系，或保持某一比例关系，或在一定转角范围内与转角呈线性关系。

出现旋变故障时，一般分为两种情况：一种为电机旋转变压器故障或连接导线故障，另一种为控制器旋变解码电路故障。无论哪一种故障，都将导致电机系统无法起动及转矩输出偏小等现象。若出现以上情况，首先检查电机旋转变压器电阻，若电阻值为∞（无穷大），表示损坏，需更换旋转变压器或修复连接导线。若电阻值正常，则表示控制器内部旋变解码电路故障，需更换驱动电机控制器主控板。

（2）故障检测与排除

断开低压电池负极电缆，脱开电机旋转变压器插头 T35（图 7-1），用万用表和跨接线测量旋转变压器本体的励磁绕组和信号绕组。根据电气接口表定义，做如下测量。

① S1\S3，信号绕组回路应为（60±6）Ω。

② S2\S4，信号绕组回路应为（60±6）Ω。

③ R1\R2，励磁绕组回路应为（33±3.3）Ω。

经测量，本体正常。

再脱开电机控制器插头 T12（图 7-2），测量电机旋变插头 T35 的端子至电机控制器 T12 端子（1—12、2—11、3—35、4—34、5—9、6—21）之间导线是否出现断路或短路情况。经测量，2—11 之间电阻值为∞（无穷大），表明该导线断路，修复导线，部件复位，然后清除故障码试车，车辆正常行驶。

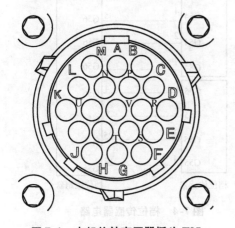

图 7-1　电机旋转变压器插头 T35

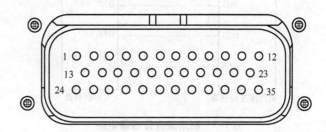

图 7-2　电机控制器插头 T12

7.2　比亚迪 e6 不能行驶故障

1. 故障现象

比亚迪 e6 纯电动汽车动力电池组电量充足，在原地起步时踩下制动踏板无法挂前进档。观察仪表板，其中 OK 指示灯亮，表示起动正常，但是踩下制动踏板，拨动自动变速杆，仪表板上的 D 档位显示灯不亮。

2. 故障诊断流程

使用比亚迪汽车专用 ED400 型电脑检测仪检测故障码和读取档位控制器的数据流，无故障码，数据流显示挂上 D 档位时档位传感器数据流无变化。

首先排除制动深度传感器是否存在故障。制动深度传感器安装在制动踏板上，其连接电机控制器电路如图 7-3 所示。电机控制器为制动深度传感器提供两条 5V 的电源线，连接制动深度传感器的插接器 B05 的 2 号和 7 号端子均为 5V。制动深度传感器的两条负极线通过电机控制器内部搭铁，插接器 B05 的 9 号和 10 号端子与车身之间电阻应小于 1Ω，与车身之间电压接近 0V。两条位置信号线分别输出与制动踏板深度变化成正、反比的电压，而两者电压之和近似于 5V。经过万用表检测，制动深度传感器电路检测值在允许范围内，故确定这部分不存在故障。

通过数据流分析初步判断档位控制器或档位传感器可能存在故障。档位传感器安装在档位执行器上，档位执行器上还装有变速杆，查阅维修手册，其电路如图 7-4 所示，档位控制器分别与档位传感器 A 和档位传感器 B 连接，其中档位传感器 A 在人工操纵变速杆挂 N 档位或 P 档位时产生信号，并传递给档位控制器。档位传感器 B 在人工操纵变速杆挂 R 档位或 D 档位时产生信号，并传递给档位控制器。

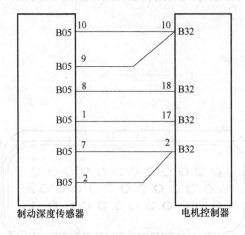

图 7-3 制动深度传感器电路

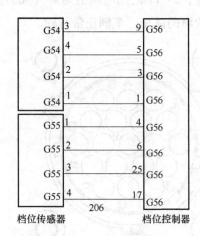

图 7-4 档位传感器电路

分析档位传感器与档位控制器之间的电路，与档位传感器 A 相连的插接器 G54 的 1 号端子的作用是档位控制器为档位传感器 A 提供 5V 电源。

G54 的 3 号端子与车身接地，两者之间电阻应小于 1Ω。操纵变速杆挂到 P 档位时，G54 的 2 号端子正常情况下相对于车身应输出电压约 5V。操纵变速杆挂到 N 档位时，G54 的 4 号端子正常情况下相对于车身应输出电压约 5V。使用万用表检测档位传感器 A，在仪表板上 OK 指示灯亮情况下，测量 G54 的 1 号端子与车身之间的电压，正常显示 4.88V。使用欧姆档测量插接器 3 号端子电阻值，显示 0.2Ω，再检测该端子的电压只有 0.02V，表示该 3 号端子接地良好。拨动变速杆到 P 档位，同时检测插接器 G54 的 2 号端子输出电压显示

4.87V，再检测与档位控制器相连接的插接器 G56 的 3 号端子的电压，也显示为 4.87V，说明传递 P 档位信息的该线路不存在故障。同理，检测传递 N 档位信息的线路，即拨动变速杆到 N 档位，同时检测插接器 G54 的 4 号端子输出电压与连接档位控制器的插接器 G56 的 5 号端子的电压是否一致，实际测量均为 4.86V，说明传递 N 档位信息的线路也不存在故障。

分析档位传感器 B 与档位控制器之间的电路，与档位传感器 B 相连的插接器 G55 的 4 号端子的作用是档位控制器为档位传感器 B 提供 5V 电源。G55 的 3 号端子与车身接地，两者之间电阻应小于 1Ω。操纵变速杆挂到 R 档位时，G55 的 1 号端子正常情况下相对于车身应输出电压约 5V。操纵变速杆挂到 D 档位时，G55 的 2 号端子正常情况下相对于车身应输出电压 5V。

使用万用表检测档位传感器 B，按下起动按钮，仪表板上 OK 指示灯亮，测量 G55 的 4 号端子与车身之间的电压，其显示 4.88V，该线路正常。使用欧姆档测量插接器 G55 的 3 号端子电阻值，显示 0.14Ω，再检测该端子与车身之间的电压只有 0.02V，表示该 3 号端子与车身接地良好。拨动变速杆到 R 档位，同时检测插接器 G55 的 1 号端子输出电压显示 4.86V，再检测导线另一端的插接器 G56 的 4 号端子的电压，也显示为 4.86V，说明传递 R 档位信息的线路正常。

检测传递 D 档位信息的线路发现异常，即拨动变速杆到 D 档位，同时检测插接器 G55 的 2 号端子相对于车身输出电压是 4.88V，再检测与档位控制器相连的插接器 G56 的 6 号端子输出电压却是 0.9V，一条导线的两端电压不一样，怀疑传递 D 档位信息的线路存在故障。拆下中控饰板，检查档位传感器到档位控制器之间的 D 档位线路，发现该导线某一处被中控饰板夹住，已破损造成该导线搭铁，挂 D 档位时，D 档位信号没有传递给档位控制器，车辆无法前进。重新连接该线路并使用电工胶布包扎破损处，起动车辆，挂上 D 档位，车辆可以行驶，故障完全排除。

7.3 丰田普锐斯空调系统故障

1. 故障现象

一辆普锐斯（行驶 2 万 km）接通空调开关后制冷系统工作正常，有冷气从出风口吹出，但工作一会儿后冷气的温度较设置的要低。将空调开关断开，停一会儿再接通，制冷系统又可正常工作一段时间，接着又重复上述故障现象。

2. 故障诊断流程

打开发动机舱盖，通过观察发现低压管路上有一层霜，断开空调开关并停一会儿后霜会消失。丰田普锐斯采用由动力电池驱动的电动空调压缩机，该故障现象主要是由制冷量过大引起的，其原因可能是电动变频压缩机、蒸发器表面温度传感器、室内温度传感器、室外温度传感器或空气混合风门等故障。

用故障检测仪读取故障码，故障码为"B1413——蒸发器表面温度传感器电路故障"。

检查蒸发器表面温度传感器线束，经过测量线路无故障；检测蒸发器表面温度传感器电阻，电阻小于标准值，更换该传感器后故障排除。

7.4 奔驰 S400 Hybrid 不能起动故障

1. 故障现象

一辆行驶里程约 8.8 万 km、装配 272.974 发动机及 722.950 变速器的奔驰 S400 混合动力发动机无法起动。

2. 故障诊断流程

（1）基本分析

混合动力系统发动机无法起动的可能原因有：节气门驱动机构机械损坏；缺少发动机转速信号；在点火顺序中有碰撞信号；蓄电池电量不足；燃油压力过低；发动机基本正时错位；起动机及其线路故障；驾驶认可系统 3（DAS3）不允许起动；保护开关（A100s1）未施加开启电压。

（2）诊断与排除

接车后尝试起动发动机，经多次起动均没有任何反应；检查低压车载电网电压，约为 11.7V，高压车载电网电压约为 127.7V，这表明高低压电池的 SOC 充足；用燃油压力表检查燃油压力，燃油压力为 400kPa，正常。连接 STAR-DAS 进行故障诊断，在发动机电子设备（ME）控制单元（N3/10）中读到两个故障码，故障码 U011000 的含义是"与电机 A 控制单元的通信存在功能故障（当前）"，故障码 U011081 的含义是"与电机 A 控制单元的通信存在功能故障，接收到错误的数据（当前）"；在 SG-EM 功率电子装置控制单元（N129/1）中存储有故障码 P0A1E00，含义是"功率电子装置控制单元（N129/1）部件存在故障（当前）"；在 SG-DDW DC/DC 变换器控制单元（N83/1）中存储有两个故障码，故障码 P0A0E00 的含义是"高压车载电网的联锁回路存在偶发性功能故障（已存储）"，故障码 U010000 的含义是"与发动机电子设备（ME）控制单元的通信存在故障（当前）"；在 SG-BMS 电池管理系统控制单元（N82/2）中存储有故障码 011000，含义是"与电机 A 控制单元的通信存在功能故障（当前）"。虽然在发动机电子设备（ME）控制单元（N3/10）中没有存储与电子风扇有关的故障码，但该车的电子风扇却一直常转，可能是接收到错误的数据所致。根据故障引导检查控制单元的通信，检测结果显示"与控制单元 HSG 的通信是成功的"，说明该车控制单元的通信正常。由以上初步检查结果分析，该车的故障可能会出现在以下几个方面：相关线路故障（首要排除）；功率电子装置控制单元（N129/1）故障；SG-BMS电池管理系统控制单元（N82/2）故障；发动机电子设备（ME）控制单元（N3/10）故障；混合动力控制器区域网络（CAN）电位分配器连接器（X30/44）损坏。

查阅混合动力系统相关资料，结合以往对此车的了解及经验，先对各控制单元的供电熔丝、搭铁点及各控制单元高低 CAN 线的电压信号进行测量，均未发现异常；检测混合动力控制器区域网络（CAN）电位分配器插接器 X30/44 端子 1 与端子 2 之间的电阻，为 59.5Ω（标准值为 55 ~ 65Ω），正常；故障诊断仪引导提示检测控制单元电阻，按照电路图进行控制单元电阻的检测，实测 DC/DC 变换器控制单元（N83/1）的电阻约为 48.5kΩ，电池管理系统控制单元（N82/2）的电阻约为 49kΩ，发动机电子设备（ME）控制单元（N3/10）的电阻为 51kΩ，电动制冷压缩机（A9/5）的电阻为 24 ~ 26kΩ，功率电子装置控制单元（N129/1）的电阻约为 48kΩ，从检测结果数据看，电动空调压缩机（A9/5）的内部阻值过低，很可能是电动空调压缩机（A9/5）损坏，但是因为该车空调系统制冷功能是正常的，单凭该数据并不能确定电动空调压缩机（A9/5）损坏，只能找到相同型号电动空调压缩机（A9/5）进行互换验证。测量车间的一辆在修奔驰 S400 轿车相关数据，并与原车进行对比，测量结果与原车相同，这说明该车的电动空调压缩机（A9/5）是正常的。

考虑到该车 CAN 通信故障和无法起动故障很有可能是同一个故障原因造成的，于是先对故障码 P0A0E00 进行引导检测。读取到 DC/DC 变换器控制单元（N83/1）中高压车载电网电压的实际值为 9.2V，此电压却为低压安全电压，因此怀疑是蓄电池或者蓄电池的连接有问题，于是决定检查部件 A100（动力电池模块）上的导线插接器是否安装到位，拔下 A100（动力电池模块）上的导线插接器观察，未发现异常，重新插回 A100（动力电池模块）导线插接器（注意：不允许导线插接器歪斜，否则导线插接器无法完全插上，可能导致互锁回路断路）后试车，故障依旧。

接着对故障码 P0A1E00 进行引导检测，检查功率电子装置控制单元（N129/1）内的软件（SW）版本为 12.04.00，无须升级；用故障检测仪检测功率电子装置控制单元（N129/1）中记录的"总电容量的初始值"为 1037μF，正常；接着评估功率电子装置控制单元（N129/1）中记录的"总电容量的平均值"为 0μF，小于 800μF，则必须更换功率电子装置控制单元（N129/1）。

从以上分析判断，是由于功率电子装置控制单元（N129/1）出现故障导致整个高压车载电网电压都降至低压安全电压。因此需要更换功率电子装置控制单元（N129/1）后再进行后续故障诊断。更换功率电子装置控制单元（N129/1）后，连接故障检测仪进行在线编程。编程完成后重新读取 DC/DC 变换器控制单元（N83/1）中高压车载电网的电压，为 122V（正常为 48 ~ 150V），说明高压车载电网的电压恢复正常。重新读取故障码，所有控制单元内均无故障码存储，电子风扇也不再常转。尝试起动车辆，但发现该车还是无法起动，在起动过程中观察到，起动前仪表板上显示的高压电电量为 57%，但在按下起动按键后仪表板上显示的高压电电量迅速下降至 0%。难道是动力电池的电量不足吗？于是外接充电机进行充电，大约充电 20min 后试车，故障现象还是和之前一样。那么会不会是动力电池损坏呢？如果动力电池损坏那又是什么原因造成的呢？电机的运作会不会受干扰或受阻碍呢？于是用扭力扳手尝试转动曲轴，却发现曲轴无论是顺时针还是逆时针一点都转不动，这充分说明该车发动机的机械部分存在故障，于是决定解体发动机进行检查。

在解体发动机的过程中，发现起动发电机的磁铁绝缘块脱落后卡在线圈上，将线圈卡死，从而导致发动机无法运转。由于发动机机械卡死，起动阻力过大，瞬间耗尽动力电池电量，从而导致上述故障的产生。

（3）故障排除

更换起动发电机和功率电子装置控制单元（N129/1）后，连接故障检测仪进行在线编程后，对高压车载电网进行初始化，激活车载高压系统后试车，发动机起动顺利，故障彻底排除。

7.5　奔驰 S400 Hybrid DC/DC 变换器故障

1. 故障现象

奔驰 S400 混合动力车型 START/STOP（停止/起动）功能不能用，仪表板上的 READY 灯也不会变成绿色。

2. 故障诊断流程

首先验证故障现象，起动车辆，仪表系统显示正常。进行路试时，仪表上的"READY"字样不能变成绿色，查看仪表板，显示动力电池状态正常，踩住制动踏板停稳后，变速器档位在 D 位，发动机不能正常熄火，显然不正常。

接着连接诊断仪 Star-D 进行快速测试，读取故障码。控制模块存储故障码，由于高压系统的特殊性及危险性，只能按照故障引导进行检测。

3. 故障排除

引导测试为 DC/DC 变换器的问题。更换 DC/DC 变换器，再次试车时，行驶中"READY"灯可以变成绿色了，踩住制动踏板停稳后也可以正常熄火了，一切正常。

7.6　丰田普锐斯行驶中熄火故障

1. 故障现象

一辆行驶里程约 9 万 km 的一汽丰田普锐斯混合动力汽车，车主反映该车在行驶不久后发动机会突然熄火，车辆无法正常行驶，然后组合仪表混合动力系统主警告灯点亮，同时显示动力电池警告标识。

2. 故障诊断流程

维修人员接车后首先进行试车，故障现象确如车主所述。故障出现后，通过一键起动系统关闭混合动力系统（HV 系统），再次起动 HV 系统，表示 HV 系统良好的 READY 灯没有点亮。此时主警告灯点亮并且显示动力电池警告标识，车辆无法再次运行。

组合仪表混合动力系统主警告灯点亮，这表明该车的 HV 系统存在故障，自检没有通过。同时，多信息显示器显示动力电池警告标识，这说明混合动力系统的动力电池也存在故障，自检也没有通过。这类故障通常有故障码可以读取，读取故障码对于诊断丰田普锐斯复杂的 HV 系统故障是十分必要的。于是，维修人员连接故障诊断仪，读取到如下故障码：P3021、P3022、P3023 和 P3024。查询维修手册发现这些故障码的含义是某块电池有故障。

丰田普锐斯的电池管理系统（BMS）对动力电池的充放电电压、充放电电流、进气温度、电池组温度、风冷却系统控制都要进行监测和控制。

该车动力电池由 28 个镍氢电池模块组成，BMS 对其采取每两块为一组的方式进行电压监测，所以共有 14 根电压监测线。

由于故障码将 HV 系统的故障指向动力电池内部的镍氢电池模块，所以只有分解动力电池才能将故障找到。将动力电池从该车拆下后，维修人员发现电池外壳的右侧有鼓包现象。再将外壳拆下，发现 28 个镍氢电池模块的最后 7 个模块已经鼓包失效。这与诊断仪读取的 P3021、P3022、P3023 和 P3024 4 个故障码相吻合，就此基本可以确认是这相邻的 7 个电池模块失效引起该车故障。

3. 故障排除

将 7 个失效的电池模块更换后，重新组装电池组并将其安装好，清除系统故障码，然后重新起动车辆，代表 HV 系统良好的 READY 灯点亮，故障警告灯未点亮，车辆能够正常运行，HV 系统运行正常。

7.7　丰田凯美瑞混合动力轿车发动机故障灯点亮故障

1. 故障现象

一辆行驶里程约 3 万 km、搭载 4AR-FXE 发动机和 ECVT 变速器的丰田凯美瑞混合动力轿车。车主反映该车在市区正常行驶过程中，组合仪表突然报警，出现"检查混合动力系统"的提示信息，同时发动机故障灯点亮。

2. 故障诊断流程

接车后试车，踩下制动踏板，按下电源开关，车辆进入 READY ON 状态，组合仪表上辅助蓄电池充电指示灯点亮，说明此时辅助蓄电池处于不充电状态。连接故障检测仪（GTS），在混合动力系统中读得当前故障码"POA08-264——DC/DC 变换器状态电路"，记录并尝试清除故障码，故障码无法清除。查看维修资料得知，该故障码可能的部位是：线束或导线插接器、DC/AC 变换器冷却系统、混合动力车辆传动桥总成、发电机电缆、电机电缆、带变换器的 DC/AC 总成、熔丝（IGCT-MAIN DC/DC、IGC'I DC/DC-S）、熔丝盒总成熔丝（DC/DC）、发动机舱 3 号线束。

根据上述检查结果，本着由简到繁的诊断原则对故障原因进行逐一排查。首先检查 DC/AC 变换器冷却系统，冷却液充足；检查 DC/AC 变换器冷却系统软管，无扭曲和阻塞；用故障检测仪对冷却风扇执行动作测试，冷却风扇正常运转，排除 DC/AC 变换器冷却系统故障的可能。将电源开关置于 OFF 状态，将电缆从辅助蓄电池负极（-）端子上断开，拆下维修开关，等待 10min，用万用表（设定为 750V 或更高）测量带变换器的 DC/AC 总成检查点的端子电压为 0V，未见异常；从发动机舱继电器盒和接线盒总成拆下熔丝 DC/DC-S 检查，未见异常。从带变换器的 DC/AC 总成上拆下 DC/AC 变换器上盖（发电机电缆侧）和 DC/AC 变换器上盖（电机电缆侧），用兆欧姆表（设定为 500V 或更高）测量发电机导线插接器端子 I（端子 w）、端子 2（端子 V）、端子 3（端子 U）与搭铁之间的电阻，均为 1.2MΩ（标准值为 1MΩ 或更大），正常；测量电机导线插接器端子 1（端子 W）、端子 2（端子 V）、端子 3（端子 U）与搭铁之间的电阻，均为 1.2MΩ（标准值为 1MΩ 或更大），正常，排除发电机电缆和电机电缆故障的可能。

将电缆连接到辅助蓄电池负极（-）端子上，检查 AMD 端子电压，AMD 端子通过发动机舱 3 号线束连接到发动机舱继电器盒和接线盒总成内插接器 1K 端子 1，用万用表测量插接器 1K 端子 1 的电压为 10.58V（正常情况下，应与辅助蓄电池电压相同，此时测得辅助电池电压为 12.48V），不正常。检查插接器 1K 无异常，晃动发动机舱 3 号线束，发现插接器 1K 上的固定螺母有轻微松动，同时端子 1 的电压发生改变，变化范围为 10.58~12.48V。拆下插接器 1K 上的固定螺母，发现端子 1 表面和固定螺母表面都有电弧烧蚀的痕迹，至此，确定故障由插接器虚接所致。

3. 故障排除

用砂纸打磨处理端子 1 表面和固定螺母表面，并以标准力矩 8N·m 拧紧固定螺母，测量插接器端子 1 的电压为 12.48V，晃动发动机舱 3 号线束，电压保持不变。清除故障码后试车，故障现象消失。交车 1 周后电话回访，车主反映车辆一切正常，故障彻底排除。

7.8 比亚迪 e6 轿车无法充电故障

1. 故障现象

一辆比亚迪 e6 纯电动汽车，该车使用便携式 220V 交流充电器正常连接成功后，仪表的充电指示灯点亮，但充电一段时间后剩余电量没变化，无法充电，未见其他明显故障。

2. 故障诊断流程

（1）确认故障现象

确认预约充电功能处于关闭状态，分别对车辆进行快、慢充充电，以判断故障是在电控部分还是机械部分。进行直流快充充电时，确认充电枪与直流充电口连接完好，仪表的充电连接指示灯亮，仪表有相应的充电时间、电流和电量等信息显示，快充系统没有故障存在。进行慢充充电时，确认交流充电枪与交流充电口连接完好，仪表的充电连接指示灯点亮，但仪表没有任何信息显示，且未听到车载充电器正常工作的响声（正常充电工作时伴有风扇旋转散热的响声），更换便携式 220V 交流充电器后故障仍然存在，基本判断慢充系统发生故障。

（2）故障诊断与排除

比亚迪 e6 慢充系统充电流程：正确连接充电枪，提供充电感应信号（CC），车载提供

DC 12V→BMS 和车载报文交互→BMS 吸合车载充电接触器，充电成功。根据以上慢充充电流程，可以排除车载充电机存在故障的可能，认为故障点发生在交流充电口至动力电池组之间。使用比亚迪汽车专用 ED400 故障检测仪读取故障码和车载充电机的数据流，无故障码存储，相关数据流也正常，由此可得出车载充电机未发生故障。检测配电箱内部的慢充继电器（电阻为 49.2Ω，正常值为 48.0～52.0Ω，符合技术要求）及相关熔丝，12V 电压后能闭合导通，未见异常。据此可得出故障点发生在电控线路系统中。

查阅比亚迪 e6 维修手册关于车载慢充系统的控制电路图得知，在比亚迪 e6 车的车载交流充电系统中，电控部分主要由车载充电感应信号（CC）、充电控制确认信号（CP）及 CAN 网络构成。因充电感应信号（CC）是电池管理系统（BMS）和车载充电机信息交互的控制线，而充电控制确认信号（CP）串联了车载充电机，故需对其进行分别检测。电池管理系统控制线路如图 7-5 所示。

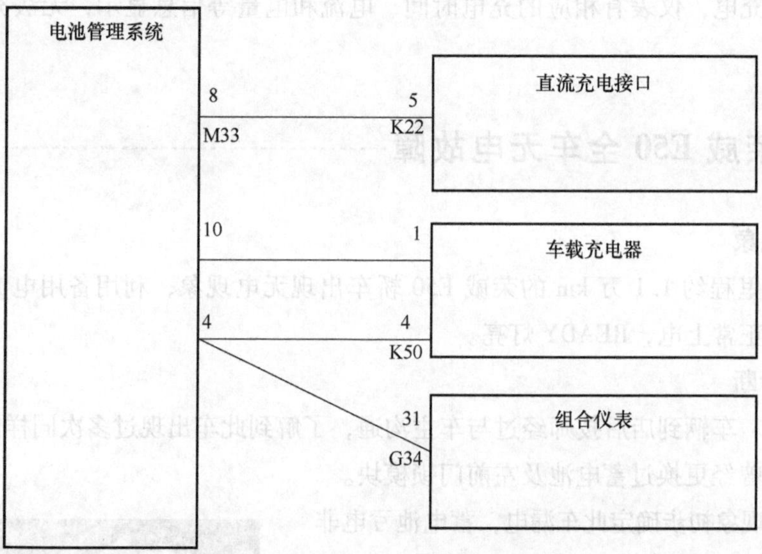

图 7-5 电池管理系统控制线路图

首先在未充电的情况下断开高压维修开关，等待 5min 后对交流充电口的充电控制确认信号（CP）进行检测，测量 CP-PE 间的电阻为 0.58MΩ（正常值为 0.5～0.6MΩ），与理论值较接近，符合技术要求，说明车载充电机内部连接 CP 信号端的二极管并未损坏，不存在故障；测量端子 K50-4 与车身搭铁间电压为 11.66V，正常；测量端子 M33-4 与车身搭铁间电压为 11.69V，正常；测量端子 K50-4 与端子 M33-4 之间的电阻为 0.3Ω，正常；结合充电指示灯点亮，认为充电控制确认信号线（CP）无故障。

接通至 ON 位，对充电感应信号（CC）控制线进行检测。使用万用表的欧姆档测量端子 K50-1 与端子 M33-10 间的电阻为 0.6Ω，正常。使用万用表的电压档测量端子 M33-10 与车身搭铁间的电压为 0.2V，而正常值约为 12V；测量端子 K50-1 与车身搭铁间的电压为 0.32V，正常，由此可判断端子 K50-1 与端子 M33-10 之间的线路存在故障。为了进一步确定

故障点、缩小故障范围，对车载充电机进行充电测试。在确认交流充电口连接成功且仪表充电指示灯点亮后（此时车载充电机还处于不工作状态），用万用表的电压档测量端子 M33-10 与车身搭铁间的电压为 0.77V，测量端子 M33-10 与端子 KJ07-19 之间的电压也为 0.77V。由此可判断充电感应信号（CC）控制线发生搭铁故障。

拆开行李箱保护侧盖，检查连接车载充电机和电池管理系统（BMS）的线束插接器 KJ07（MJ06），发现离插接器 KJ07 不足 7cm 的线束被改装音响箱体挤压（已压扁），线束保护层已裂开。拆下音响箱体，拨开线束，裸露的充电感应信号（CC）控制线已搭在车架上，造成搭铁现象。当进行慢充充电时，由电池管理系统（BMS）发送的充电感应信号无法传递给车载充电机，从而造成车载充电机无法输出高压电，即无法充电。

（3）故障排除

用绝缘胶布把充电感应信号控制线破损搭铁处包扎好，使其恢复传递信号功能，接着对该车进行慢充充电，仪表有相应的充电时间、电流和电量等信息显示，无法充电故障彻底排除。

7.9 荣威 E50 全车无电故障

1. 故障现象

一辆行驶里程约 1.1 万 km 的荣威 E50 轿车出现无电现象，利用备用电源进行紧急处理，车辆能够正常上电，READY 灯亮。

2. 故障诊断

确认故障。车辆到店后技师经过与车主沟通，了解到此车出现过多次同样的现象。维修记录查询确认曾经更换过蓄电池及左前门锁模块。

通过故障现象初步确定此车漏电，蓄电池亏电非常严重，更换了同型号（55B24L，12V，45A·h）电压充足的蓄电池，用万用表电流 20A 档进行漏电测试（图 7-6），基本操作步骤如下。

关闭点火开关，断开蓄电池负极端，串联万用表，确保所有车门关闭及上锁，打开万用表，测得结果如下：第一档的休眠电流从 880mA 变化至 630mA（相隔 5s 左右），第二档的休眠电流从

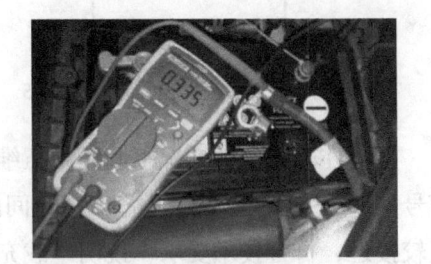

图 7-6　万用表测量漏电的连接方法

630mA 变化至 310mA（相隔 10s 左右），第三档的休眠电流从 310mA 变化至 120mA（相隔 10s 左右），第四档的休眠电流从 120mA 变化至 60mA（相隔 5s 左右），第五档是彻底休眠，最终数值为万用表显示 10mA 平均值，在进入彻底休眠后，大概过 40min 左右，从 10—60mA 间隔 4 次来回跳动，过 5min 左右上升到 120mA，10min 过后下降至 10mA，同样过了这些时间后又重复出现一次相同的过程。

为了进一步研究此车的休眠电流情况，找了一部相同的 E50 做一份标准的数据测试，测试结果同样如此。通过查询该车的培训资料，确定该现象是由于 T-BOX 的终端服务器在不停地采集此车的相关信息和数据，所以会导致电流有规律地变化，属于正常现象。

如果按上述情况，此车的休眠电流应该是不存在任何问题的。但事实上确实存在着漏电现象，技师把车停了一天用蓄电池测试仪测得电压数据为 7.4V，测试前为 12.5V，确定漏电确实存在。

在车间维修工位上接万用表测试，当时没发现任何漏电现象，在车间停几天蓄电池电量也是正常的，能正常起动。然而将车放在停车场一天就会没电，这之间有什么区别和关键问题被疏忽了呢？车间和停车场之间的唯一区别是：在车间测试是静态的，而从车间到停车场的一段路是动态的，难道问题出在由静态转变为动态的过程中而产生故障？先前测试的都是车辆静态时的数据，而动态休眠电流测试从严格意义来讲只是一个正常的起动→行驶→熄火→拔钥匙的工作循环，但是在这个工作循环过程中是没有断电因素存在的。而一般情况下技师在万用表测试休眠电流时，按操作规程都会断电后串联电流表。两者看似无多大差别，但在以模块化信息数据交换的车辆中有一定的区别。

技师就上述想法调整测试步骤：串接万用表→接蓄电池负极→起动车辆→行驶→关闭起止开关→锁门→拔开负极桩（此时车辆为不断电）。在此情况下测得数据是锁住车门后始终保持在 880mA 的休眠电流，漏电出现了，故障彻底显现。

3. 故障排除

既然此故障能始终保持在 880mA 的休眠电流，技师就采取了插拔电源熔丝的方法，快速检查故障部位。当拔到 EF9（15A）时发现电流急剧下降，但最终定格在 210mA，也没有达到标准的休眠电流（不大于 60mA）。但相比 880mA 来说下降了四分之三，说明 EF9 对此故障必定有关联，但并不是最终的故障点。继续检测，在拔掉乘客侧熔丝 IF5（15A）T-BOX 供电电源熔丝时，电流马上下降至 10mA 或更低。

此时故障部位基本可以确认，是由于 T-BOX 而导致漏电。插上熔丝，拔掉 T-BOX 插头，T-BOX 插头 BY188 有 9 根线：两根电源线，包括 30 常电源、15 电源（均为 12V 正常）线；4 根网络线，包括两根 CAN 线、两根 CAN1（均为 1.4V 和 2.4V 正常）；两根搭铁线；1 根到安全气囊线碰撞信号线（远程终端接受碰撞信号）。

拔掉 T-BOX 插头几分钟，然后再重新插上，此时的电流表显示休眠电流正常（10mA），但再一次重新上电和下电时故障重现。现象表明可能 T-BOX 内部的通信数据模块出现问题，当内部的记忆电源彻底断电后重启，故障彻底排除。

7.10 江淮同悦纯电动汽车无法行驶故障

1. 故障现象

安徽江淮二代纯电动汽车搭载永磁直流无刷电机，额定功率为 11kW，使用的动力电池

组属于磷酸铁钾动力电池，电池的额定电压为320V，总容量为50A·h，总能量为15.2kW·h。两辆车同时入店，一辆累积行程130km，故障现象为挂倒档时仪表板上面的R灯不显示，踩下加速踏板时无法行使。另一辆车累积行程1237km，故障现象为起动后挂前进档或倒档时，仪表板上都能够正常显示D或R，但无论前进档还是倒档都无法行驶。

2. 故障诊断与排除

（1）故障现象确认

在接手一辆江淮同悦纯电动故障车时，先对该车的故障现象进行测试，通过简单测试发现，汽车在挂D档位时，汽车的仪表板上面能够正常显示"D"，并且踩下加速踏板时汽车也能够正常行驶。然而当挂R档位时，汽车仪表板上面没有显示"R"，踩下加速踏板时也不会行驶。第二辆车故障现象与描述无误。

（2）故障诊断与排除

当点火钥匙接通时，汽车仪表板会依次显示车辆所行驶的累积里程、电量值、小计里程、电压、电流、电机状态以及故障信息等（图7-7）。根据故障现象，初步判断故障原因可能是电机位置或倒档位置传感器损坏，驱动电机或驱动电机控制器损坏，加速踏板位置传感器、仪表控制单元损坏，最后则有可能是相应的线路故障。

图7-7　江淮同悦正常的仪表板实物

一般通过显示屏上显示的6位数字，能够读取车辆的相关部件工作状况以及故障信息，但车辆的故障信息对照表车主并未携带，因此本次诊断只能从汽车的工作原理出发。正常情况下，汽车的电机运转需要电机控制器正常工作并控制电机运转，而电机控制器要正常工作必须在电机位置传感器、加速踏板位置传感器、档位位置传感器以及仪表显示信息控制单元全都正常的情况下，该车在挂D档位时能正常行驶，说明电机位置传感器、加速踏板位置传感器、档位位置传感器以及仪表显示信息控制单元这四个部位都没有问题，可以排除。

接下来检测传感器与电机控制器之间的线路导通性是否正常，经检测发现导通性没有问题。接着检查倒档位置传感器。检查过程中，先将车辆起动，然后将档位分别调到D档位与R档位，采用示波器对电机控制器检查，观察示波器在调到D档位时的波形以及调到R档位时的波形，对比两个波形发现并没有差别，从而可以确定倒档位置传感器到电机控制器之间是没有故障的。接下来开始对传感器到仪表控制单元之间进行检查，观察倒档位置传感器是否能够将相应的信号传递到控制单元，通过检测发现，倒档位置传感器到仪表控制单元

之间的电压非常低，正常情况下电压应该是 0.1V，而此时则只有 0.049V，因此可以先确定故障出现在倒档位置传感器上。更换该传感器后，汽车故障排除，倒档时仪表板正常显示"R"，且车辆能够正常行驶。

在诊断第二辆故障车时，车主提供了故障信息对照表，通过观察仪表板上的 6 位数字发现，数字显示为 120000，对照故障信息表发现，其中"1"位置表示汽车电机运行状态，数字 1 表示正常运行；"2"表示电机的工作状态，数字 2 表示汽车处于制动状态；第一位"0"位置表示加速踏板开度的电压值；第二位"0"位置表示充电器 CAN 通信状态，并且表示无通信或者出现故障。最后两位"00"表示电机与动力电池故障码，且 00 表示正常。由于汽车处于牵引状态，所以除了加速踏板的开度电压值有可能出现故障外，其他全部正常。接下来起动车辆并踩下加速踏板，发现随着加速踏板开度的变大，仪表板上相应的电压值也在变大，因此可以排除加速踏板相关故障。接下来只能从汽车的控制原理出发排除故障，首先因为汽车在起动后挂前进档与倒退档的过程中，汽车的仪表板上能够正常显示"D"与"R"，所以档位传感器与档位传感器到仪表板控制单元部分都可以排除。然后对电机控制器进行检查，发现电机控制器的熔丝已经烧毁，更换该熔丝，但汽车还是不能行驶。接着检查制动踏板，发现制动踏板顶部的塑料垫已损坏，更坏塑料垫后，汽车能正常起动并行驶，故障排除。

7.11　丰田普锐斯无法进入 READY 状态

1. 故障现象

一辆行驶里程超 26.3 万 km、装配 1NZ-FE 发动机的丰田普锐斯，车主反映该车以低速行驶（约 20~30km/h）或在停车等待再次起步时，发动机故障灯突然点亮，同时仪表板主警告灯复式信息显示器中 HV 系统警告灯点亮，自动退出 READY 状态，再次起动约 5 次左右车辆能够再次行驶，但故障现象无时间规律且会再次出现。

2. 故障诊断与排除

该车主之前曾打过电话反映车辆多次出现过此故障，但当时车主关闭点火开关再次起动后，故障灯熄灭，故障现象消失，并且发生频率很低。最近这段时间该故障发生频率越来越高，并且故障现象出现后，多次起动不能正常行驶，于是车主进店检测。根据车主反映的故障出现条件，首先进行了约 60min 左右的路试，故障没有再现。由于无法确认实车故障现象，进店检测历史故障码，SFI 系统存有故障码 P3190 发动机功率低、P3191 发动机不能起动、P3193 燃油耗尽，HV 系统存有故障码 POAOF INF 码、204 来自 ECM 异常信号输入（发动机输出异常）、205 来自 ECM 异常信号输入（发动机无法起动）。而两个 IND 码指向的故障可能部位是 ECM SFI 系统，结合该故障码的原理（当 ECM 检测到一个会影响 THS 控制的故障时，动力电池控制 ECU 实施安全保护控制）和该故障码检测步骤也是指向 SFI 系统或 ECM，因此可判定 SFI 系统或 ECM 故障，并且排除燃油用尽的可能。但是当转到 SFI 系统

检查时，查看故障码 P3190 和故障码 P3191 的检测条件和故障可能发生部位，基本上覆盖了 SFI 系统所有传感器，经过思考和判断，假如某个传感器损坏或偶尔工作不正常，应该输出相关故障码或者燃油压力不正常。由于无法再现故障，于是将相关传感器的插接器仔细查看一遍，测量油压，清除故障码后建议客户行驶观察。

第二天，车主再次打救援电话，称车辆无法行驶。维修技师现场救援，测试故障码与以前相同，多次关闭点火开关无法恢复，将故障码保存清除，正常行驶入店，并建议车主将车辆放置店内，长时间试车进行故障排除。经车主同意后，用检测仪检测燃油压力，路试，并且将动态数据流进行复制。

经过多次试车，故障现象再现，此时系统自动退出 READY 状态，主动测试燃油泵工作情况，油压正常（在 300kPa 以上），表明燃油系统工作正常；查看录制的动态数据流并与标准值做对比，均未发现异常；维修技师再次确认车辆相关传感器包括 ECM 的连接情况，无虚接情况，并根据丰田车系的特点，判定 ECM 故障。更换新的 ECM 后装配试车，短时间内又无法确认故障是否再次出现，建议车主将车辆放置店内 1 ~ 2 天，多次试车，无异常，车主提车，至今未出现故障现象。

参考文献

[1] 李伟. 新能源汽车构造原理与故障检修 [M]. 北京：化学工业出版社，2015.